怪訣九九

陶貓貓 著

推薦序

恐怖的背後

關加利（香港 Our Radio 節目「無奇不有」及「音樂次文化」主持人、《深層揭密神秘學事典》作者）

當知道貓貓寫新書時，心裡暗替她打氣！一個平凡人眼見的世界，同其他人所見的完全不同。這種不能用言語解釋的現象真是令人感到神秘！另一個世界可能沒有受我們的法則所控制，但是暗地裡卻影響著我們。現實世界令我們喘不過氣，喜怒哀樂像天氣的春夏秋冬變得越來越模糊。

人界靈界的界線都變得抽象，香港對傳統文化漠視，神佛的尊敬都漸漸減少，怪力亂神的事情，流行文化都影響著新一代。而貓貓所描述的世界，就充滿我們缺少的人性，一種用心感受世界，沒有貪婪、沒有罪惡的非理性世界。

這本書更是以她所鍾情的日本文化的靈異故事百物語為藍本，以九十九個靈異故事，再次說她所看到世界，在恐怖的背後，令我反思人與人的關係，以及在以利益優先的社會所缺乏的情懷。

推薦序

三生寄未來

紀陶（香港著名編劇，影評人）

當貓貓以極速書寫出了新書，再次為貓寫序，之前有些不說的，如今可以說了。

貓拿起筆展開寫作的緣由，我知道是一種身心療癒的行動，為令自己曾經不悅的家傳能力以書寫作出記憶斷捨離，藉著文字來掏空過去的抑鬱。第一本已經產生非常效應，第二本更邁步向前，完成時刻，已成為一個寫作家了，貓很能夠掌握寫作技巧，將過去的體驗用文字具實化了。而且，貓在過去的種種不悅，如今已頓成寫作的材料，早說過貓有個靈性大礦坑，題材是可以用之不竭的。

人到了一個生涯階段，都要為自己的未來作定位，為前程規劃一下才過癮。我十年前在人到半百的時刻，決定以深宵編劇、夕陽影評、午間導播以及朝日教師這四項工作身分向未來生活籌建受想行，利用工作來提煉一個新的個性系統。十年之後的今天，又再計劃更生一個新系統，用來應對現今變幻無定的靈異時刻。而貓在數年前，有想過自己會成為一個作家嗎？

一個作家除了題材礦坑可供挖掘之外，還有寫出來的東西最好不只是紓發個人的己見，而是可以傳頌的。這是我在《閱微草堂筆記》及《聊齋》得到的啟發。而貓的處女第一書有放煙花式的個性表現，寫得像一本家書。至這一本時，已看出悉心的書寫佈局安排了，這是否意味著貓想為明天的作家之路作出一個具實的調性？

我想請大家看完貓這本具有靈性生命力的書籍後，務必給她一點意見。而我給貓的意見是：貓妳是有明天的。

作者序　鬼事無盡……

——陶貓貓

如先謝謝各位親愛的讀者，沒有大家對《見鬼之後》的支持，就沒有今天的第二本書，再次感謝大家支持實體書和我！

也要再次感謝香港「筆求人工作室」和台灣「時報出版」，因為他們肯冒風險投資在我的作品上。

很喜歡日本的文化，想起自己有些非故事性的靈異經歷，很日常生活，沒頭沒尾的，何不來個「百物語」的模式去寫一本書呢？「百物語」，也就是一百則鬼故事，算是一種降靈儀式。

具體說，它不是妖怪，而是更像《十日談》之類的講故事的行為；日本的怪談也多半發生在夏夜。

日本傳統戲劇歌舞伎的故事裡，有許多都是源自怪談的傳說，在江戶時代（相當於西元一六〇三年至一八六七年）還有一種叫做「百物語」的遊戲，就是半夜裡幾個朋友聚在一起，點起許多蠟燭，大家輪流說鬼故事，感受恐怖的氣氛。據說，當第一百根蠟燭熄滅時，真正的鬼就會出現……

所以往往說故事的人會心生警惕，輪到自己說故事的時候，千萬不要變成最後一個，因為不知道說完第一百個故事的時候，到底會發生什麼事？所以每次說到第九十九個，就會立即打住，沒有人敢再繼續說下去，這是一種集體召喚鬼魂的儀式。

江戶時代的作家，淺井了意所著的《伽婢子》就詳細地記載了關於「百物語」的由來及玩法，簡述如下：在進行「百物語」的遊戲之前，參加的人一律身穿青衣，齊聚在同一間暗室裡。在這間暗室隔壁的房間，準備了用藍色紙糊的行燈，並且添上足夠的燈油，然後點燃一百支燈芯並排在一起。行燈的旁邊會安置一張小木桌，上頭擺著一張鏡子。每個人輪流說完一個怪談後，就必須離開自己的座位摸黑走到隔壁點著行燈的房間裡，把一支燈芯吹熄後。接著，從鏡中照一下自己的臉才能回到原來的暗室，然後換下一個人。吹熄燈芯的過程中，一樣繼續說著怪談，直到說完第九十九個怪談後，剩下最後一支燈芯，就留著讓它繼續點著，然後大家繼續圍坐在一起等待黎明，直到太陽出來了就各自解散回家。

很多人不明白為什麼怪談總是講到第九十九個就結束，因為當時的人們很迷信這樣說法，如果說到第一百個怪談，就會發生什麼怪異的事情，所以誰也不敢去碰觸這項禁忌。隨著時代的不同，行燈也改為以蠟燭來取代，而且新的遊戲規則是，最後一根蠟燭必須吹熄，百物語遊戲就變成了恐怖的怪談會，聽說當最後一根蠟燭吹熄的時候，的確是發生了一些奇怪的事。

鳥山石燕所畫的「青行燈」收錄在《畫圖百鬼夜行》，正是描繪當時進行百物語的情景，青行燈快要吹滅的時候，許多好玩有趣的妖怪故事正在一群人的口中講述著，並且有人用文字記錄下來，這就是妖怪百物語的由來。

呵呵，大家以後要玩這個遊戲的話，千萬別把第一百個鬼故事講出來，到時會變成真的呢！

CONTENT

目錄

零一 山精

某一年的秋天，我跟幾個朋友第一次約了去爬山，地點是——蚺蛇尖（香港西貢區的一座山峰，為「香港三尖」之一）。

不知誰說秋高氣爽？騙人的！我們都熱得要死！雖然各自都帶了飲料，但還是想喝點涼的。走著走著，在山邊看見一個小攤，一位老伯在賣著冷飲。當下實在太誘惑，我們都掏出錢包，趕快買個冰的來降溫一下。

「伯伯，你是一個人經營這個小攤嗎？今天不是假日也照樣經營？誰幫你把飲料送上來啊？」我們邊喝邊問。

老伯始終一聲不響，沒有回應。

「可能老伯聽不到，算了吧！」唯有自我安慰，接著就離開了。

再次上路，眾人議論紛紛，老伯怎會選擇在荒山野嶺、四野無人的山頂開一個小攤呢？附近不見有人居住，又不見有小村落，難道老伯天天爬上山頂開店？

百思不解之中，我們把零錢掏出來一看，竟全都變成小石頭！朋友們嚇得將石頭通通掉在地上……唯獨只有我。

我很想知道老伯是何方神聖，心想何不把小石頭帶回家做一次交感，查個水落石出。年輕真好，做任何事總沒什麼顧忌。現在的我，可不會這樣處理。

好不容易走到下山，決定先去市中心吃點東西再回家。來到一家咖啡廳，坐了下來，吹著涼風，喝著咖啡，把剛才的事盡訴一下。

這時有兩位年輕人把鮮魚送進咖啡廳，看他們的樣子和打扮，猜想應是當地的漁民。但他們的舉止很奇怪，送完鮮魚後，經過我們這桌，忽然停了腳步，看著我們幾秒才離開。

雖然有點古怪，但是我們沒有理會，繼續剛才的話題。

臨近黃昏，我們離開咖啡廳準備回家。剛才送鮮魚的兩位年輕人突然出現並攔住我們：「對不起，有些事情想跟你們談談。」

由於他們非常有禮貌，我們便停下腳步跟他們交談。

「你們今天上了蚺蛇尖吧？」他們問。

「對啊！你們為何會知道？」朋友A答，並把今天發生的事和盤托出。

「我們是西貢在地的漁民，對靈異事情十分敏感，知道這區域的一些事，我看妳也是一樣吧？」他們盯著我，接著說：「妳拿了不該拿的東西……還是把它們拋下海比較安全。」

眾人瞪大眼睛看著我，無奈下我只好把小石頭拿出來。

「妳傻了嗎？帶回家幹嘛？」

「你們遇到的老伯其實是山精，它可以幻化成其他物種，有頗多登山客也見過，這次算是你們走運！」他們一邊說，一邊拿走我手上的小石頭並拋進海中。

「可以回家了，記著下一次爬山，別因風景優美而被吸引，要對身邊的人和事敏感一點！」他倆叮囑我們。

之後如何？我們沒敢再去爬山了。

貓語

聽說有很多山精妖魅存在於各山頭之內，雖然我也遇過幾次，但我覺得其實也不用太擔心，畢竟登山遠足也是一種有益身心的活動，而且也不是人人都有靈異體質、能接觸靈體，只要不在惡劣天氣下進行便可。

願諸君登山愉快！

零二 託夢

靈體託夢這回事，相信很多人都曾經遇過，但同時間有十多個靈體向你託夢並有所要求，你們遇過嗎？

那一次正值清明時節，我和家人前往新界沙田區某紀念館掃墓。那天的天氣不穩定，天陰陰的並下著毛毛細雨。到達紀念館的禮堂之後，家人正忙著處理祭品，而我就負責擦淨祖先的紀念碑。

我發現周圍多了一些新的紀念碑，一一細看，有長者亦有年輕人。當時沒有想到什麼，看到它們的「本尊」也當作沒有看到，因為我知道只要一想，就會和它們交感起來，那就麻煩了。

掃墓完畢，我們打道回府。

晚飯後，不知道是不是飯氣攻心，覺得很累很想睡，在不知不覺間，我睡著了。夢境之中，我看到有十多人排隊在我面前，它們竟然就是我在紀念館見到的先人，向我各自講述它們的要求！

要求實在眾多，有要求我代為通知家人前來拜祭；有要求我通知館主，說工作人員並沒有依時上香打掃；有要求我聽它們的未了心事；有要求我……數之不盡。

我好像一時承受不了那麼多外來能量，頓時驚醒過來，滿身大汗。

夢中所求我已經印象模糊，唯獨有一個年輕男生交託我辦的事情我記得一清二楚，因為它留了媽媽的手機號碼給我，說很想念她，可惜家裡裝有神像，它進不去。

我在思考要不要替它打這通電話，因為萬一人家以為我是騙徒，罵我一個狗血淋頭，心裡一定不會好受。但我還是硬著頭皮打了這通電話。

「喂，找誰？」電話那頭傳來一位成熟女士的聲音。

「妳好，我是一位法科師傅，昨天我到紀念館做法事，妳兒子的骨灰也放在那裡，對嗎？我接收到它的一個訊息，說妳很久沒有去拜祭它了，它很想念妳，但是因為家裡有神像，所以進不去，只能站在門外。」為免把她嚇壞，我把自己說成一名法科師傅，並一口氣把它拜託我辦的事說出來。

「啊！是啊！我大兒子的骨灰在紀念館……但師傅妳如何知道我的電話號碼？」隔著話筒我可以感覺到她的驚訝和疑惑。

「妳還是抽個時間去拜祭一下兒子吧！」說完這句話我就掛了電話。

之後我並沒有把此事記在心上。

日子一天天過去，又是清明時節，我和家人仍舊依時前往紀念館進行拜祭。我突然想起那位年輕男生，於是看看它的紀念碑，噢！居然換了一個新的，那即是有家人前往探望了，我的心不期然高興起來。

但那天很奇怪，我在紀念館居然見不到一個靈體！唯獨那位年輕男生。它幽幽地站在一旁凝視著我，並示意我走出禮堂外。

它穿著時尚的年輕人服飾，並戴上一頂帽子。

「嗯！我的家人有來探望我了，並替我換了一個新的紀念碑，畢竟已經二十年，照片也看不清楚了……無論如何，我都要親口向妳說聲謝謝。」

「別客氣，有幫到你就好了！」

貓語

其實我認為，如果百年後沒有後人拜祭的話，不如採取花葬、樹葬等更能回饋大地的方式吧！

零三 這樣公平嗎？

我還在奇怪為何在紀念館的禮堂內不見有其他靈體，只見到那名年輕男生。我以為那是一件美妙的事，殊不知「好戲壓軸」，正留待晚上才出現！

晚上睡不著，於是起床到樓下廚房抽起菸。

「這樣公平嗎？」有幾把兇惡的聲音從窗外傳進廚房，直入耳朵！

下意識地望向窗外，驚見一大班人站在我窗外怒吼著：「這樣公平嗎？」如此情況，不用交感也知道它們全都是靈體！在這「陣容龐大」的壓力下，我急急返回房間。

我想起來了，它們全都是上次在紀念館看到的靈體！

這樣的怒吼維持了大約三週，令我煩擾不安，卻又無法可解。但是某一天，它們突然全都消失了，直到現在再也沒有出現過。

想了很久，我究竟做錯什麼事情惹怒它們？大概是因為我只幫助那男生辦事，而沒有理會它們……但天呀！我畢竟不是什麼師傅，更不是小天使，如何能一一實現它們的願望？這事煩擾了我三星期，但我堅持不跟它們交感，想來是正確的，我可不想沒事找事來做啊！

零四 靈怨

這年因為武漢病毒疫情持續擴散的關係，政府決定取消所有盂蘭勝會。難怪走在路上感到的陰氣跟往年不一樣。

盂蘭節前兩週我已開始頭痛不堪，吃藥、看醫生也無補於事。通常是它們為數眾多且怨念極大，我的頭就會痛得如爆開一樣！而我所認識的通靈朋友，也跟我有著同樣的困擾，大概是因為龐大的靈體們向我們這班人發出訊息，而我們真的承受不了所致。

因此，我也減少了晚上在外面亂跑的機會，就算出門，也盡量在晚上十一點前回家，免得自討苦吃。

我一直都是在農曆七月十四那天燒金紙、拜拜，因為今年多了些「手足」（二〇一九年香港抗爭活動中抗爭者對彼此的稱呼），因此我買衣包祭品也慷慨了些。

那晚一直燒，旁邊的遊魂也不停地催促我手腳快點，我實在很無奈，我就一雙手能有多快？

半小時後，我將所有衣包祭品燒完，正在收拾殘局，突然旁邊有個男靈體，拍一拍我肩膀，並說：「喂！只有這麼少，怎麼夠分配啊！」

我沒有理會它，趕快收拾並離場。

貓語

的確今年的靈體諸多投訴，我已不下一次聽到它們抱怨分配不均。但我們這些小市民，經濟不景氣，能夠做的已經盡力了。只希望疫情快快過去，人和鬼也有好日子過！

零五 女也

那晚我在寫有關遇鬼的事件紀錄，腦子裡不自覺就想起「她」在海中的慘況。

突然有人按我家門鈴，看看時鐘已經凌晨四時，我心想應該是管理員，因為我還開著音樂，可能有鄰居投訴。快快跑到門前，看看防盜眼……咦？沒人！

在我看不到門外有人的情況下，門鈴竟又再響！

「不會吧！如此猛鬼？」不想起鬼字就沒事，一想起事情就麻煩。

一把女聲由門外傳進來：「我知道你在門後，我想告訴你，要忠實地把事件寫出，別加任何調味料！」它的聲音聽起來有點嚴肅。

我沒有回應它，而它也沒再跟我說話，更沒再按門鈴。

第二天，我打開大門一看，赫然發現地上留下一大攤水漬……

貓語

我深信是「她」吧！因為之前曾經跟她通靈，問她有什麼要幫忙，在我寫作期間無意中跟她交感，她便聞「訊」而來。當然我有把跟她通靈的事情如實寫出。

奉勸大家，別老是想著鬼魂靈體或亡故的親友，它們是會感應得到的，別說我沒有提醒你們！

零六 碎念

我從不在路邊攤吃東西，想吃的話，一定外帶回家吃。

不是因為靈體會伸出舌頭去舔我手上的食物（這只有在電影裡看到，現實生活中我倒沒有見過！）而是因為我不喜歡在吃的時候，它們凝視著我手上的那串香辣魚丸，和嗅著魚丸的香味！

有一次我跟朋友去看電影，路上他說很想吃街頭小吃。「還是不要吃吧！」我勸他，但他不死心。

當他拿起那串香辣魚丸放進口中的時候，一旁的靈體馬上露出貪婪的眼神，眼巴巴地望著他吃，看到這種情況，難免有點食不下嚥。

待他吃完那串魚丸，四週的靈體居然用「碎念」去影響他的腦袋，就像電影演出的那樣，「來！多買一串」、「再吃點吧」我時常看到朋友或其他人受那些「碎念」洗腦，而抵受不住吃的誘惑。

結果，我朋友竟吃了三串！最後我實在忍不住把朋友拉走，免得他再被洗腦。

貓語

不是說要放棄美味的街頭小吃，只是可以的話，還是外帶，一來衛生一點，二來可以保持街道清潔，何樂而不為？

其實每個人或多或少都會受到靈體的碎念影響，而最容易受影響的族群多數是身體微恙、體力不佳或慢性病患者。

而靈體透過「碎念」去影響活著的人，無非是為了滿足自己死後做不到的事情，例如：吃不到那串魚丸，就吸收香味。其實沒有太複雜，不必多想。

零七 開關

好友A最近常埋怨家裡洗手間裡的燈管經常要更換，常一閃一閃，開開關關似的，非常惱人。

一晚和幾位好友到她的家聊天，剛坐下沒多久：「又閃了！」她指著洗手間裡的燈管說。

我們叫她不如找個水電工來檢查一下。

儘管我口中也如是說，可是我卻見到不一樣的影像。

我看見一個小男生，約七、八歲，正不停地玩弄洗手間燈的開關，看樣子是樂此不疲！我眼神凌厲地望一望它，才停止此舉動。

「噢！活見鬼！沒有閃了！」朋友們說。

第二天我打電話給A：「老實說，大約七、八年前，妳有沒有打掉小孩？」

「沒有啊！什麼事？」她說。

「我昨晚見到妳家有個小孩，在玩你家洗手間的開關！」我說。

她驚訝地說：「不是吧！我可沒有打掉什麼小孩！是怎麼招惹來的？」

「我不知道啊！只知道妳需要的不是水電工，而是法科師傅！」

過了不久，接到A的電話：「問過管理員，原來我家以前的住客，有一個兒子病死了……」

貓語

有時候長期修不好的電燈、水管問題，有可能是看不見的問題。

祝好時高運！

零八 看房

打算搬家，於是請房屋仲介安排去看房子。

有一天去了沙田駿景園某一單位，一進房我忍不住驚呼，面對沙田馬場的風景，美得令人窒息！再看看其他房間，不錯不錯，看得我心動不已。

房仲當然笑容滿臉，賣力地推銷。但當我表示想看看廚房的時候，他開始面有難色，擠出一副皮笑肉不笑的表情說：「可以啊！但我忘記帶廚房內儲藏室的鎖匙⋯⋯」

「不要緊，我們可以回去店拿，因為我實在對這房子很有興趣！」我說。

沒多久，他找找公事包，說：「噢！原來有帶！可以進去看！」

一推門進入廚房，我馬上有一陣頭痛的感覺⋯⋯經驗告訴我，廚房有靈體存在！而且還住了一段日子。

我眉頭一皺：「請把儲藏室的門打開給我看看。」

門一打開，看到一位背向著我的人，估計是一位老伯，他蹲在地上，一動也不動⋯⋯

這情景請你不要告訴我那位老伯是人啊！

貓語

有時看房除了要挑轉時機，也要懂得心機。別以為只是看一看房子外觀安不安全、體不體面，我深信那位天殺的房屋仲介是知情的，否則他不會有如此反應，試圖阻擋我去看儲藏室。所以……看房子前務必做足功課，第一步便是找一間可信的房產公司。

零九 分身

有一晚去跑步，看到住在附近的朋友家亮了燈，見他在大廳走過，我想起他前幾天才去日本出差。

「死小孩！回來也不告訴我！」我停下腳步，拿出手機打電話給他。

因為他出差到日本前，我曾拜託他幫我買一個手提包，心想他既然已經回來，我又在他家樓下，可以順道面交。

電話接通，我看著他在房間拿起手機，結果竟是切斷了我的來電！

「可惡！搞什麼？」我心有不甘，再次給他打電話，連續四次我都親眼目睹他拿起手機，然後再切斷了我的來電！

我非常不滿，心想：「這是怎麼回事？就算買不到，也可以開誠布公地跟我說，用不著切斷我的電話吧，這是要絕交是嘛！」

於是我只好跑回家。

過了兩天，他居然打電話給我，我接起來並大罵他一頓，可是……

「大人，我才剛下飛機！妳究竟在說什麼？」我可以感受到他滿腦問號的樣子！

那我當晚看到的、又切斷我電話的，到底是誰？

貓語

我在想，那晚我看到的可能是存在他家的靈體，待他不在家時家扮成他的樣子，在屋內東摸西摸，恰巧又被我看到。當然我沒有把實情告訴他，反正他住了那麼久都相安無事，又何必去搞破壞呢！

一零 咧嘴

某夜和友人A去跑馬地探訪好友B。

不知不覺聊到深夜，我和A趕上最後一班電車往金鐘再轉乘公車。一上車我們就往上層去，而上層早已有一位女子坐在車頭位置，我們便順勢往後面位置坐下。

很奇怪的一名女子，因為一路上她不停地拉扯自己的頭髮，我和A對望幾次，並小聲地說：「可能那女子有點不正常。」

之後相安無事，A用耳機聽歌，我望著窗外風景。突然A用力握著我的手，力度大得讓我大叫：「哇靠！什麼事？妳握得我很痛！」

我望著A，見到她像驚嚇過度般，指著坐車頭的女子，我也跟著向前望，赫然發現該女子轉為側身坐，半邊臉向著我們，並輕輕地把頭皮撕了下來，露出米白色，並帶紅色血絲的頭骨！

它一邊手拿頭皮，並繼續拉扯頭髮掉在地上，一邊咧嘴而笑！

我們嚇得放聲尖叫！電車司機立即靠邊停車並走上來問：「什麼事？」

我們指著他身後說：「有……有鬼啊！」

誰知道那位司機異常冷靜地說：「那坐下層吧！」

我倆飛快地衝到下層，坐向靠近司機的位置。而一路上，司機沒有再說什麼，繼續他的每日工事……

貓語

我想那靈體是故意嚇我們的，而且一定不只一次去嚇其他乘客，否則司機不會如此冷靜，像不當一回事般。朋友說可能電車總站靠近跑馬地墳場，它們出來玩一下，也不足為奇。去過跑馬地的你……有遇過這女鬼嗎？

二 戲弄

我還在做時裝設計師的時候，有一次要出差到上海，住的地方是公司租的宿舍，我也是第一次入住。

那是一幢五層高的住宅，外觀看起來有點舊，房子內裡卻裝修得不錯，最起碼沒有陰森的感覺（笑）。

那時的我，還未如現在這般高靈力，所以有時候真的什麼也感應不到。

當天我先去工廠拿樣版，晚上帶回宿舍查看，正準備將修改評語發郵件給廠方，當我寫到「口袋位置要縫死」的時候，電腦卻突然失靈，什麼字也打不出來。記得資訊部門的同事教過我，凡遇到這種情況，就關機重開，我依樣畫葫蘆，可惜這台筆電竟無法重新啟動。

整台電腦無故當機！我心想那也沒辦法了，只好明天再打電話給廠方直接說明。

於是停下工作，闔上電腦螢幕，抽了根菸，坐在客廳沙發看書。

突然聽到電腦開機的前奏響起，聲音很大，肯定不是由屋外傳進來。但我沒有理會，以為聽錯，於是繼續看書。誰不知那聲音又再響起，而且持續不斷！我打開電腦螢幕，這才發現電腦不知在什麼時候重新啟動了！

此時我親眼目睹本來當機的畫面自行打開，並自動輸入密碼！然後去到我本來要發出的郵件，打出我未打完的那句話，並且一直重複最後一個「死」字！

我嚇得魂飛魄散，馬上跳進房間，呆坐到天明！

第二天我步出房間，看到手提電腦安靜地蓋上放在原位，也沒有當機，像什麼事也沒有發生似的。

貓語

也許大家會覺得是電腦出問題而導致，但為什麼手提電腦會自動開關、自動輸入密碼、自動打字呢？我只能解釋為當時屋內存在靈體，而當時的我又感應不到，因此被它戲弄。

及後別的同事入住後，也出現類似情況，嚇得情願自費住外面飯店，也不肯住這間宿舍了。

三 飯店

又一次出差到上海。自從上次宿舍一役之後，我改住飯店，以為必定安全，其實也不見得。

那晚較早回到飯店，梳洗後半躺在大床中間位置玩電動遊戲機，不亦樂乎。突然感覺床褥動了一下，以為是地震，於是下床去窗邊看看，只見寥寥可數的人在街上幽幽地行走。返回上床，心想可能是玩遊戲機玩得太入神，自己頭暈，於是我改看輕鬆一點的小說。看著看著眼睛有點累，在朦朧之際，感覺床褥又動了一下。

我看到左邊的床褥凹了下去，再彈起來，然後到右邊的床褥凹了下去，再彈回來！即是說有「一個人」由我左邊上床，跨過我，並在右邊下床！

我嚇得目瞪口呆，雞皮疙瘩掉滿地，二話不說跳下床，開房門然後直奔大廳櫃台，要求換房！

奇怪的是，職員並沒有問我原因，馬上安排另一個房間給我。

貓語

如果在飯店的房間遇到靈異事件，請務必要求立即換房間！有些飯店人員是知道房間不妥的，但又不能空著，所以都會租給一些外地客人，務求該客人運氣好，能免受鬼魂的影響。

一三 來電

有一晚凌晨，我被朋友C的來電吵醒，我與他已許多年沒有聯絡了，我在又驚訝又困惑的狀態下接起了電話，可是他卻掛斷了，再回電時已經轉到語音信箱。

第二天我嘗試再回電給他，可是電信公司自動留言系統說該用戶未登記，那表示他的電話號碼已經取消了。

我心想：「奇怪的男人！」

這天凌晨我又被電話吵醒，看看來電顯示，是朋友C，可是我一接過電話，又掛斷了，我又再回電，但又轉到語音信箱。無奈之下我只好留言，有事找我的話，可以發短訊給我，別再在凌晨打來又掛斷。

睡醒後，見他並沒有留短訊給我，而我回電給他亦是說該用戶未登記！

如此這般發生了一個多星期，我開始懷疑又是靈異事件，可是我們既沒有共同朋友，我也不認識他的家人，而我那時的通靈能力並不高，根本問不出原因。

然而凌晨來電情況仍時常發生，這樣下去也不是辦法，我只好把電話號碼改了，此事至今仍是一個謎。

貓語

我越來越相信，靈體是有能力用它們的「念力」去做任何事，包括鬼來電……但不解的只是它究竟為何找我？明明已經接通了電話，卻又掛斷，莫非是有另一種更高的力量去控制它們嗎？

一四 貓瞳

朋友出遊一星期，我答應幫她照顧兩隻灰色的英國短毛貓。為免舟車勞頓，她便讓我搬到她家暫住。

她吩咐我晚上要把電視打開直到天亮，因貓咪喜歡看！

兩隻貓都精力充沛，從早到晚跳上跳下，唯獨凌晨十二時就會向著電視喵喵叫，像暗示我要開電視。

第一、二晚我都有開，但第三晚我就沒有開了。第一，我覺得不環保，浪費電源；第二，我不相信貓咪會看電視直到天亮；第三，我討厭那些無聊的電視節目，很刺耳。

結果牠們看我沒有開電視，真的在我面前喵喵叫！但我沒有理會，隨牠們叫。

我洗完澡坐在沙發看雜誌，牠們仍在喵喵叫，像非要叫到我去開電視為止。「儘管叫吧！」我心想。

無意中看一看電視螢幕，那螢幕正反映出在我的背後有一位老婆婆站著！我嚇得轉頭查看，當然沒有結果，我再看看螢幕反映，那位婆婆仍在！

那位婆婆當然非人也！剩下的幾晚，我只好繼續把電視開至天亮。

貓語

我沒有向朋友問個清楚，免得麻煩。不過我聽說貓的靈力非常高，而牠們的眼睛是可以看到靈體，至於是真是假，我仍無從證實。

一五 老同事

剛出社會的第一天上班，當然會扮演乖寶寶，提早進公司，但太早到我只有看見清潔人員在打掃，也就只能坐在大廳等我上司進來分配位子給我。

「早安！新同事嗎？」一位禿頭的先生對我說。

我馬上想到一定是公司同事，就回答：「早安！是啊！今天第一天上班！」

「努力！用心點！」說完他就進辦公室。

沒多久，我的上司也來了，她領我進辦公室。

不知不覺已經上班一個多月，和同事也可以說是打成一片。有一天有位同事生日，我們建議外出吃午餐慶祝，而我負責打電話到飯店訂位。

突然想起那位禿頭的男同事……我告訴他們第一天發生的事。

有一位在公司時間比較久的同事，面露難色，然後從抽屜拿出一疊照片說：「妳看看照片裡有沒有妳見過的禿頭男同事？」

我逐一翻看那些照片，終於在一張大合照內，找到那位禿頭的男同事。

原來那位禿頭的先生，是以前的公司同事，因為心臟疾病死了，自此以後，每隔一段時間，就會有同事說在公司看到他！

但我只見過它一次，直到我離開該公司再也沒見過。

貓語

我相信那位同事是忘記不了公司，所以才經常回去。聽過一些靈異事件，有些已經過世的同事也會返回公司，有些甚至還會繼續處理未完成的工作。在我的第一本著作《見鬼之後》當中，也有紀錄類似的事件。

一六 鬼壓

我獨立搬出來的第一年，住在老家附近的一幢大廈，大約十坪，二房一廳，面對花園，感覺相當舒服。

因我平常都早出晚歸，跟鄰居們都不太熟，只從管理員口中知道隔壁鄰居屋主的大兒子因病過世，其他我一無所知，甚至連那屋裡有哪些成員都不知道。

有一晚，運動完回家，驚見鄰居家門外點起白蠟燭，心想：「啊！原來今晚是回魂夜！」

梳洗後就上床看書，不知不覺間就睡著了。

「我好辛苦！請帶我回家吧！」我被一把男聲吵醒，並發現自己全身動彈不得。

最可怕的是它居然知道我的名字！

「我好辛苦！請帶我回家吧！」這男聲又重複這句說話。

另一方面，我感覺到有一對手從頭頂那道牆穿過來，按住我雙耳！大驚之下，我什麼經文都唸了出來！

「妳唸經文嗎？我不怕啊！」它用非常輕佻的態度說。

因為身體動彈不得，只好在恐懼之中不停掙扎，不知道過了多少時間，身體終於可以動了，我馬上衝到樓下大廳坐至天亮。

貓語

其實我並不清楚當晚的靈體到底是誰，是隔壁鄰居已故的大兒子？還是我在其他地方招惹回來？但他為什麼會知道我的名字？

這一切仍是個謎。

至於它為何什麼經文也不怕，我想是因為我沒有受洗或皈依。

而身體為何會動彈不得，俗稱「被鬼壓」，坊間已經流傳了很多解釋，以我的看法是那鬼並不是真的壓著我，而是利用它的「念力」影響我的大腦，讓我因為驚嚇害怕而答應它的要求。

一七 雙瞳

相信很多人都有遇過一些奇怪的鄰居，而我正好也有一家。

那已經是我從家裡搬出來住的第二年了，我發現樓下有位住戶，他不分晝夜戴上墨鏡，據說他已經住在這裡五年以上，從來沒有人見過他的真面目，包括管理員和清潔人員，極致的程度是連倒垃圾也戴上墨鏡。

我見過他很多次，奇怪的是他只跟我打招呼，其他人他一概當作透明人。

有一天中午，我下樓到超市買菜準備晚餐，順便查看信箱，裡面有張便條紙，是樓上那位住戶給我的，寫下他的電話，叫我跟他聯絡。

思前想後，我實在太好奇，於是致電給他，居然邀請我去喝下午茶。那天我們無所不談，就像一對老朋友。

如此這般，我們真的交上朋友。

有一晚，我邀請他來我家吃晚餐，他帶來一瓶年份很好的紅酒送給我。吃著吃著，突然問我想不想看他脫下墨鏡的樣子？我說：「當然想，你也看過我的素顏。」

之後他沉默不語。

餐後我把那瓶好酒開了，大家相談甚歡，忽然感覺到他定睛注視著我，然後緩緩地把墨鏡拿下……

我見到他的眼睛，原來……他的右眼有兩個瞳孔，俗稱「雙瞳」！兩個瞳孔比正常人細小很多，像兩顆小球體輕輕疊在一起般。

我整個人被嚇到不由自主地震了起來，酒杯也掉在地毯上。

「對不起，嚇到了你！」他說。

「沒有！」雖然嘴巴說不，但內心充滿恐懼。

「就是這個原因，所以我從少到大都戴上墨鏡，免得嚇壞其他人，小時候母親更用紗布巾把我的右眼封起來……」他一直在對我細說往事。

「聽說有『雙瞳』的人能看穿陰陽界，對嗎？」我問。

「對啊！我還可以看到其他人的前世今生，你知道我為何選擇主動和你交朋友？是因為我看到你和我根本是同類人，將來的你亦能看穿陰陽，所以你會了解我，不會排斥我……」他說。

那時的我，只有一點點靈力，還未像現在這般運用自如，而事實亦如他所說，我的確能看穿陰陽。

貓語

這位好朋友我仍然持續交往，已經八年了，他的能力已經超越陰陽界，更能看到神佛的境界，有時候我有難題也會去問他，現他已經移居日本，並跟大師學習陰陽道。

至於「雙瞳」，我倒是第一次見，除他以外，我並沒有見過。我只是想告訴大家，世間的確無奇不有，不要過分否定與執著。

一八 倒吊

「我想買一間房，明天你跟我去看看有沒有靈體，因為業主的開價實在很吸引人！」朋友A在電話中跟我說。

於是那天黃昏，我就跟他去看房子，同行還有一名房屋仲介。那是一幢三層高的住宅，他想買的是二樓，一樓和三樓已經有房客入住。

一進到屋內，我已經感受到不妥的氣氛，可是在屋內又看不到有東西出現，心裡好不奇怪！

房仲也使出三寸不爛之舌，希望做成生意；而朋友A也被那價錢弄得心癢癢。

「待我跟朋友商量一下。」朋友A對房仲說。接著把我拉出陽台。

「如何？可以買嗎？可以的話我馬上付訂金！」他抽著香菸問我。

「靈體我就看不到了，但總覺得這房子怪怪的……」還未把話說完，突然有東西在我頭頂掃了一下，抬頭一看，發現一個身穿白色衣服的「人」，已經看不到是男是女，正倒吊在三樓的陽台，身體搖著搖著，它的頭髮正掃到我的頭頂！

身經百戰的我，這一幕也被它嚇破膽！

「我警告你！別多事！」我聽到它的聲音，是個男的。

「我們還是吃晚飯時，再商量吧！」我跟朋友A說。

那名房仲面露失望的神情。

朋友A開著車子，我一五一十地告訴他，他也嚇得目瞪口呆，當然最終他沒買下。

貓語

無怪乎有些人看房子時明明感覺良好，但買下之後才開始怪事頻生，我想是因為那些靈體會躲在一些意想不到的地方，待屋主入住後才出現。

為求安全起見，看房時帶位靈力高的朋友像我（笑）或師傅去看，畢竟買房並不容易啊！

一九 貓靈

我有另一個身分，是一位餵飼流浪貓的義工。

「我身體有點不舒服，今晚你可以幫我餵貓嗎？」另一位貓義工打電話給我。

「沒問題。」那晚我餵完自己社區附近的流浪貓之後，就到她的社區幫忙。分配食物後，我和另一位貓義工倚在欄杆旁抽菸閒談，等待貓兒們用餐完畢，收拾殘局後再離開。

看到離我們不遠處有位男士坐在石凳上，同樣抽著菸，身穿殘舊的衣服，樣子看起來不太友善。同時我看到有很多貓咪正圍著他，但細心一看，那些貓咪全是半透明，並做出攻擊那位男士的動作，且貓咪不是斷手斷腳，就是斷頭的，場面可怖。

「別看那男人，他不是好人！」另一位貓義工跟我說。「我們注意很久，自從那男人出現後，我們這區的貓咪很多不見了，而且最近在網上的地區群組出現一些銷售泰國『貓路過』（lugek，又譯為碌葛，是東南亞古老的巫術）的文章，有貓友假裝購買，發現出來交收的人就是他！但他又否認自己是製造的人，我們又苦無證據證明他把貓咪捉走，所以我們只能多看緊貓咪了……」

那晚我想應該是看到貓靈體吧！

貓語

動物死後是否會變成靈體，至今仍然充滿爭議性，我也是見過一次而已，所以不能作出解答，希望能盡快有個答案。

泰國的「路過」，老實說我並沒有研究，我知道的和大家差不多，也是從網上搜尋而知。但如果真的有需要供請，一定要找信譽良好的師傅，別給騙徒有機可乘。

另外，我想說，動物你可以不愛，但請不要傷害。

二零 雨傘

朋友M突然病倒進了醫院，住了八天，醫生查不出他身體到底出了什麼問題，無奈之下只好出院回家休養。

我們一群朋友去他家探望，只見他滿臉倦容，體重下降，整個人瘦了一圈，都替他擔心。

大家坐下閒談中，我見到一個女靈體閃進一把短傘內，那時候，我可以肯定M突然病倒跟這個女靈體有關。於是開門見山地跟M說：「最近有什麼奇怪的夢？」

M面有難色，顯得非常尷尬。

「別這樣，大家老朋友，有什麼事不能說？」其中一位朋友說。

「我最近……最近都在做春夢！每晚都夢見自己與一名女生交歡……」M吞吞吐吐地說。

「那女生是穿黑色衣服、中長頭髮、塗紅色指甲油，對嗎？」我說。

「對呀！你怎麼知道？」M驚訝地說。

「因為它就在你家，並藏在那把雨傘之內！你從那裡撿來的？」我指著那把傘說。

「那天下班突然下大雨，我隨便從公司拿的！」M說。

「唉！把傘送到廟裡去吧！再這樣你會死的！」朋友們接著說。

第二天，M把那把傘送進廟裡，並請師傅做了一些潔淨儀式，隨後身體亦逐漸康復。

貓語

老一輩的人常說不要把在外面的雨傘帶回家，其實不無道理，我已經見過很多次靈體鑽進雨傘裡等人帶回家的畫面。

大家還是放一把折疊傘在包包吧！確保安全（笑）

三 演員

和家人到了日本京都，當然要帶他們去看看有關坂本龍馬的景點，那天我們先去清水寺，再順道去了「靈山護國神社」，那邊就是葬著這位對近代日本影響極大的坂本龍馬。除了坂本龍馬，還一起葬了中岡慎太郎及藤吉。其實他們就是跟坂本龍馬一起被暗殺的，只是坂本龍馬當場死亡，而他們則多活了幾天才身亡。

去到龍馬墓，我們看到一位穿古裝的男人，站在墓前，沒有表情，只是默默地看著墓碑。

「應該是神社聘請的演員，過去拍個照吧！」我建議，眾人叫好。

我走到演員身邊，示意可否一起拍個照，可是他沒有理會，繼續自顧自地看著墓碑，像聽不到我說話。

於是我再示意多一次，可惜他仍舊沒有任何反應，我只好走開：「他應該不是專業演員，叫了他兩次，他也裝著沒聽到。走吧！去下一個景點！」我有點兒生氣。

晚上回到飯店，還未梳洗就聽到隔壁房間的妹妹在尖叫！

我馬上衝過去拍門：「什麼事？」

不一會，她就來開門。我看見她手指著手機，「呀……」喉嚨發出怪叫。

拿起手機看看，沒有什麼特別，只是今天龍馬墓的相片。

「我今天偷偷拍攝時，那演員仍在，但現在的照片他卻不見了！」妹妹驚叫起來。

我看她連續拍下的數張照片，的確不見今早那位「演員」。

我也啞口無言。

貓語

究竟當天我們看到的是演員還是坂本龍馬本尊呢？答案無定論。因為龍馬是近代的人，有照片可以對證，所以我可以肯定就是他！但我真的感應不到「他」是個靈體。

為什麼在場的人都看得到他、手機卻留不住他的影像，可能是他不想被鏡頭拍下吧！

以我的經驗，枉死的人，往往心願未了，所以遲遲不肯散去，直到解開心結為止……

龍馬間接推動明治維新，就被暗殺，可謂「壯志未酬身先死」，令人惆悵不已。

三 耳環

有一天中午，我在整理花園的植物。在一棵檸檬樹上發現掛了一只女生耳環，我問過全家人，都不是她們遺失的，當然也不是我的，於是順手丟入垃圾桶。

過了一個月，我又在整理花園的植物，赫然發現在那棵檸檬樹上又掛著那只女生耳環！我百思不解，於是拿去問鄰居，他們也表示不是她們的。

我開始覺得不大妥，於是把那耳環收在客廳的抽屜內。

又過了一個月，又在樹上看見那只耳環了！我衝進客廳打開抽屜一看，之前的耳環仍在，那麼表示是一對了！

我不知道究竟發生了什麼事，但為避免麻煩，還是把它們燒掉。

那晚睡得並不安寧，第二天早上……我看見那一對耳環居然又再掛在檸檬樹上！

我嚇得心膽俱裂！馬上找師兄來看看。

「檸檬樹是你們種的嗎？」師兄問。

「是啊！已經收成兩年，之前並沒有什麼特別問題。」我說。

「我看此樹是被樹精所依附了，還是把它斬掉吧！」師兄說。

我唯有找園藝公司把檸檬樹移除，再用師兄寫有符咒的紙把該對耳環包起燒掉。

至今，相安無事。

貓語

老實說那次真的嚇的不輕，因為真的很恐怖，連續三個月都看到相同的耳環，至於為什麼會是耳環，原來除了那樹精，我事後才知道原來還有一個女靈體，它是前三手的屋主，要提醒我家是它的，想我們搬走，最後花了不少功夫才請走它。

樹精，我以前從沒有見過，當然這次我也是沒有見到，不過隨著年齡增長，我有見過，它通常依附在大樹之中修鍊，可幻化成各種生物去吸引人去注意，從而希望得到利益。

三 道別

朋友M曾經是位計程車司機，但遇過幾件靈異事件之後，就嚇得他馬上不幹。

有一晚大約十一時，他載一位乘客由旺角到香港島的碧瑤灣，之後就把計程車駛至瑪麗醫院附近，打算停下來抽根菸，然後才離開。

因為前面路口有個彎，他需要先把車子倒退一點才能順利駛出大路，當他把身子轉向後，看看車後位置，再轉身望向車前之際，前後不到幾秒，就看到一排穿白色衣服的「人」在他的車子前面走過，每個目無表情，一個跟一個地橫過馬路。

可怕的是那一排「人」最後一個是小男孩，大約六至七歲，當「他」經過M的車子前面時，突然轉過頭跟M揮手，跟他說了一句話，由於隔了一道車頭玻璃，所以M完全聽不到那小男孩說什麼，但看嘴型，是「拜拜」。

是的，「他」向M道別。

M見到這情境，登時嚇得褲子也濕了一片！

第二天他再把車子駛至昨晚遇到一排「人」的地方查看，原來那是醫院停屍間的出口！

貓語

我聽到也嚇了一跳，這肯定是遇上鬼啦！沒有其他可能。

二四 諾言

經過幾次遇過靈體事件之後，朋友M嚇得不敢再當計程車司機。

過了沒多久，他在深水埗區開了一個二十四小時營業的小報攤。經營的日子很短，但已經有很多街坊鄰居光顧，有些漸漸變為熟客。

因為冬季的關係，天色很早就暗了，有一天黃昏，好陣子沒見到的熟客鄧伯來了，穿得比以往光鮮亮麗，但不是光顧，而是跟M道別。

以往鄧伯每天都會路過小報攤，買一份報紙，然後停下跟M閒話家常一會兒，而鄧伯的太太偶爾也會跟丈夫在一起來。

「什麼？鄧伯你要移民？去那裡呀？」M說。

「我太太跟女兒會帶我到英國團聚，不回來了！下星期弄好手續後，我就走了！」鄧伯說。

「那就好了！我真替你感到高興！」M說。

「雖然我以後不能光顧，但會介紹一些在香港的朋友來……」鄧伯突然幽幽地說。

「好啊！先謝謝了！」M說。

自此之後，M再沒有見過鄧伯。

約一星期後的一個中午，M在小報攤午膳中，鄧伯的太太和一位中年女子走過來打招呼。

「鄧太太，很久沒見，有什麼需要？」M放下手中的餐盒。

「沒有啊！想跟你說我要移民到英國去，這是我的女兒，我丈夫走了，一個人留在香港也沒啥意思……」鄧太太說。

「鄧伯走了？什麼時候走的？上星期才見過他，怎麼如此突然？」M瞪大眼睛說。

「上星期看到他？不可能吧！他心臟病都走了大半個月，剛去拿他的骨灰。」鄧太太指著旁邊女兒手提的一袋東西。

M瞬間面如死灰。

貓語

M的小報攤過了一段時間後，再沒有做下去，不是因為沒生意，而是因為自鄧伯仙遊後，每晚的凌晨經常有長者的靈體出沒在小報攤附近，雖然它們並沒有騷擾M，但夜半時分街上只有他一人，心理上還是難受，索性把小報攤結業。

可能鄧伯在遵守他的諾言：「我會介紹在香港的『朋友』來……」

二五 LG

某天我去新界某公立醫院探望受傷的朋友後，在大堂電梯前低著頭在回短訊，加上想去洗手間，於是急急忙忙按了電梯樓層，「叮」一聲後門打開，步出驚覺四周環境不同，才發現自己誤把電梯的樓層「G」按了「LG」。

抬頭看見有「出口」的指示牌，心想不要緊吧，還是找洗手間比較重要。

找到洗手間，也沒有什麼特別，解決完畢，由廁間走去洗手台時，開始有怪怪的感覺，整個廁間內變得非常安靜，是那種可以聽到心跳聲的安靜。

氣氛有說不出的不安，於是趕快洗手，再拉門步出洗手間。

按著指示牌步向出口之際，突然聽到不斷的鈴聲，似層相識……直到我步出醫院，才驚覺「LG」樓層是停屍間的樓層！家屬正為亡者做法事！

心中不由自主地「Shit！」了一聲，三秒後……我被一股力量絆倒在地上，抬頭一看，是一位年輕男子的靈體，「說話小心一點！」它面帶憤怒地對我說。

之後那些家屬走過來把我扶起，「沒事嗎？」他們問。

「沒事，請問我可以上柱香嗎？」我心中帶有歉意地問。

他們好像知道發生了什麼事，便如我所求，領我進去上香。

貓語

那次我摔得手腳都破皮，算是小懲大戒，自此之後，我永遠都會控制著自己的腦袋，不去想一些無禮的事情或言語。

而最重要的，就是去醫院不要按錯樓層！

二六 沒有毛的公雞

「最近家裡發生一件怪事，我買了一隻公雞娃娃，它會無故自動在叫，很可怕！」朋友H在電話中訴苦。

那隻娃娃造型設計很有趣，是一隻沒有毛的公雞，只要按一下它的身體就會發出「凹嗚」的慘叫聲，我也有一隻，無聊時按一按它，也是一種減壓的方式。

「我也有啊！可是我沒有這情況，你那隻是在哪裡買的？」我問。

「我在深水埗一個老婆婆地攤買的，是二手貨，我見娃娃像新的一樣，想說也可以幫助到老婆婆，我就買了。起初沒有任何特別事，但這個星期每晚凌晨，我在房間內清楚聽到它的叫聲，但我步出客廳就停了，是有鬼嗎？」H說。她把聲線壓得很低，害怕給別人聽到似的。

「我不知道有沒有鬼，不過以我的經驗，靈體很喜歡依附在娃娃內，特別是二手的，有些可能是娃娃的主人，我看妳還是丟了它吧！」我提議。

因為我已經聽到娃娃在叫，而H卻反而聽不到似的……

丟掉好像不太環保，最後她還是把娃娃退回給那地攤婆婆。

貓語

二手物並不是每個人都適合，要看看自己的氣場能否支撐住，像H，她平常已經諸多病痛，此類人我多數建議不要購買來路不明的東西。

二七 討論區

那年頭的我很活躍在網上的討論區，每晚也會去和網友交流，樂此不疲。甚至我自己也開了一個，我們的話題很多，上至天文下至地理，無所不談，但自從一件靈異事件之後，我就完全關閉該討論區。

有一晚，有一名新網友加入，她跟我們很合得來，主動而且樂於解答網友的留言。她每晚定時出現在我的討論區內，漸漸我們就成了網友。

那時也很流行寫網路日誌。

我們發現有一段時間都沒有見過她上討論區，大家議論紛紛，我去看她的網路日誌，一看之下發現，原來她有癌症，正在化療中。我告訴其他網友，大家都很擔心。

日子一天天的過去，我們也漸漸淡忘了她。

有一個深夜，我們發現她在線上，於是大家都留言去問候她，可是她並沒有回應，只是不停打出自己的名字。

心生好奇，猜想可能是化療的後遺症吧！我又去她的網路日誌查看，因為她已經好一段時間沒有更新日誌了……

一點過去馬上看到一篇更新文章，是那一夜，她妹妹代她告訴朋友，她已經敵不過病魔，與世長辭了！

時間，正好就是她在討論區上線、不停打出自己的名字的時候……

貓語

我不能確定是否她死後上線，也說不定是她妹妹，但為什麼只是不停打出自己的名字呢？如果是她妹妹代她上線，理應不會這樣吧！既然她妹妹可以替她在網路日誌公開死訊，我想也可以在討論區留言才對，甚至不用上線的。

這至今仍令我摸不著頭緒。

二八 纏繞

跟師兄一起去上海街的佛具店閒逛，在某店內遇到一個大約七、八歲男童，興奮地在店內四處亂跑，不停嚷著「我要買香，我要買香」，並把香拿起放在小背包內，準備拿走。男童母親顯得非常尷尬，一臉不好意思。一切我都看在眼裡。

但我看到的是有六個女靈體控制著男童去拿香，從而希望可以得到好處。

師兄也是修法中人，我將實情一一告知，他非常緊張，馬上提出帶該母子回法壇給師傅看個明白。

返回法壇後，師傅立即進行儀式，先是那男童全程不敢與師傅對望，繼而答非所問，經過一番功夫，終於問出一點端倪。第一個女靈體現身，它從那男童口中說出自己是湖南人，想要一個女衣包，並說出幾個地區名稱，全部都是鄉郊地方，那亦說明男童在那裡碰上其餘五位女靈體。

而我在儀式臨近尾聲時才抵達法壇，現場所見除了那六位女靈體之外，還有四位男靈體和六名嬰靈纏繞著那名男童。細問之一，男童母親亦承認曾經打掉六個小孩，而那些男女靈體則是男童的冤親債主。

執筆至此，事件尚未平息，我會繼續跟進，希望男童平安健康。

貓語

自我有感應以來，這是第一次看到有那麼多靈體依附在同一個小孩身上，情況令我不寒而慄，這也正好告訴大家，眾生平等，不適合、沒辦法、沒準備養小孩，就要做足保護措施，以免後患無窮。

二九 搖搖木馬

一直都想要一隻搖搖木馬，這是童年回憶吧！

朋友送了我一張，咖紅色實木，整體乾淨俐落，木質有一種古早的味道，一看便知是手作品，但奇怪地我見到一名老伯靈體跟著那搖搖木馬來到我家門前，因為我家有結界，它進不來。

「木馬不是二手品吧？」我問。

「當然不是，新貨來的！」朋友說。

往後幾天，老伯依舊站在我家門外，一言不發，衣著光鮮，而且手和頸均有金器，看樣子應該是有錢人！

「老伯，你為什麼一直站在我家門外，那木馬是你的嗎？」我忍不住問，因為長期這樣對我來說是一種騷擾。

「木馬不是我的，但木頭是我的！快還我！」它用教訓的語氣責備我似的。

「什麼？我不明白！」我心有不甘地回應。

「那木頭是我的棺材！是我的長眠居所，不知誰把我的棺起了出來，將我的屍骨燒掉，再把木造成現在妳的搖搖木馬！」它越說越激動，指手劃腳起來。

我不禁嘩然，怎會有如此卑鄙的事！我馬上打電話給朋友：「搖搖木馬從哪裡買回來？」

「淘寶網找的，四川製造，很便宜……」朋友回答。

我立即把搖搖木馬搬到花園外，再用錘子砸散，然後燒掉。

貓語

自此之後，我再沒有見過老伯。另奉勸大家到淘寶網買東西要小心一點啊！那般便宜豈知道物料是從哪裡來的！

三零 透明貓

我的視力很差，左右眼都有七百度近視，還有散光，時常感到生活不方便。

有一晚半夜，我感到口渴，所以起床到廚房喝一杯水，想抽一根菸，於是我便拉起窗簾，打開窗戶通風。對面鄰居家有一道頗高的圍牆，正好和廚房窗戶的上緣差不多高。那是道平平無奇的尊牆，但我看到牆上有異物。

一開始，我不知道那是什麼，雖然廚房裡有照明，但外面很暗，只有隱約的路燈，加上視力不好，又沒有戴眼鏡，於是我從窗戶探出頭，瞇起雙眼仔細觀察，原來是隻貓。

有一隻貓蹲在圍牆上。

我家附近野貓不少，看見貓並不奇怪，可是那隻貓卻是半透明的，可以明顯見到骨頭和內臟，唯獨兩隻眼睛不透明猶如反射板般發亮，十分詭異。

定睛一看，那隻貓的肚子裡，有三隻縮成一團的小貓。牠們擠在一起，不時還會翻一圈，那隻貓一直望著凝望著我，眨眼時反射板似的光點便忽明忽暗，我感到一陣毛骨悚然，便放下窗簾。

之後，我都會在圍牆上看到那貓，牠也總是蹲在同一地點，一直望著我，身體仍舊是透明的。最不可思議是，即使沒戴眼鏡，我依然能清楚看到貓體內的樣子。儘管周圍景色朦朦朧朧，卻只有貓清晰可見。

因為太詭異，後來我再到廚房時，就不再拉開窗簾。

貓語

在那之後，又過了一段日子。我出門澆花，突然對面的樹叢鑽出三隻小貓，三隻非常普通的三色貓。我不自覺地注視跟著走出來的大貓。

剛長出絨毛的三隻小貓搖搖晃晃的追著大貓，怎麼可能？我停下腳步，有點不妥，大貓也停下腳步，回頭望我，接著「喵」一聲。

究竟我見到的那隻三色貓，是不是那隻透明貓呢？

三二 香水

最近報了一個法文班，有一晚下課後，和朋友A一起坐公車，由於放學後和其他同學一起閒聊的關係，那次比平常晚了一些回家。或許是這樣，公車上層只有幾個乘客。

我倆沉默地並肩坐著，然後大家不自覺地打起瞌睡。

突然一陣濃郁的香氣弄醒了我，我當然知道是香水，但如此濃郁的味道，確實會令人頭痛。轉頭想看看是哪位乘客會用如此難聞的香水，可是只看到其他乘客在低頭玩手機或打瞌睡。

我只好綣綣身體，嘗試再睡。

不一會兒，我聽到有兩位女乘客在對話，其中一位女乘客像是想起什麼似地低聲說道：「對了，這個。」好像是拿出香水，訢說不知不覺就買了不少家的香水之類的事情，接著傳來「噗」地噴香水的聲響。

「這味道好香！」雖然聽到這句話，我卻沒聞到任何味道。

「就是說啊。」另一位女乘客回應說。

「不過，那味道沒有消失！」

「噗」，她們又噴一次香水。

「消失了？」

「沒有！」

我開始覺得怪怪，邊噴香水邊說「味道還沒有消失」，到底是怎麼回事？她們是想利用香水掩蓋什麼味道？

然後，再度傳來噴香水的聲響，我的臉也感受到一陣風。雖然沒有聞到任何味道，但一想到被噴了香水，心裡就不太舒服。噴香水的風接著吹來兩、三次，終於忍無可忍，打算提出抗議，便直起身轉向後方。

後方的乘客仍依舊是玩手機的玩手機，打瞌睡的打瞌睡，跟本沒有任何人在噴香水，坐在隔壁的朋友驚訝地看著我，問我是不是發神經！

貓語

回想剛剛在打瞌睡，或許是夢吧？想著，那兩個見不著的女人，不斷向四週噴香水掩蓋某種味道嗎？那麼到底是什麼味道？

三 童夢

我小時候的家裡有鬼。我記得初次見到是在小學一、二年級時。

一天晚上，我突然醒來，我在睡房門上看見藍色的光芒，如今回憶，那就像光線反射在水面上，形成模糊朦朧的格紋。搖曳的藍光美麗得不可思議，我一直望著。那道光芒逐漸聚集，變化成某種形態。我傻傻地見證著光芒形成巨大女人臉孔的時刻。

那是張青白色的年輕女性面孔。它原本低著頭，長長的瀏海垂落，忽然抬起頭，朝我憤恨地瞪視。那個表情實在太恐怖，我不禁放聲痛哭。父母親驚慌地醒來，女人的面孔卻消失不見，於是被當成是我做的「惡夢」。

但是，我始終頑固地認為那絕不是夢。

此後，我常會在家中感受到不可能存在的人物氣息。不管黑夜或白天，無人的睡房會傳出腳步聲或其他聲音，甚至覺得有人穿過我背後走廊進入客廳。

這種情形不斷發生，雖未清楚看見那人的模樣，也沒有造成實質的傷害，但心裡還是很不舒服。

之後某晚，在客廳裡和家人聊到一半，我起身去上廁所。返回客廳的途中，經過睡房，房門恰巧開著，由於聽到聲響，探頭一看，只見一片黑暗中，走廊燈光照到一個女性的背影。我以為是母親，隨口說說「妳在幹嘛？」沒有及時回應我便離開了，沒想到母親卻在客廳！

我十分驚訝，仔細回想，明白那人影不可能是母親。因為母親是短髮，而那女人是長髮，還穿著不合時節的藍色夏季針織衫！

一想起藍色，我才發現那應該是以前看過的，映在睡房門上的女人。說不定我在家中察覺到的種種氣息，都是源自那女人。

貓語

之後，我仍會在睡房感受到某人的氣息、聽到腳步聲，卻不曾看清對方的模樣，或遭遇任何實際傷害。可是，只要想到「她在屋裡」，就會連帶想起那副憎恨的表情，頗為恐怖。

然而這些情況頻繁出現好一段日子後，就突然停止了。

二樓

那年我到英國旅遊，留宿在朋友N的家。

朋友N在英國的一間大學做助教，住處是棟距離大學很近的老房子，對一個助教而言是有點奢侈的。我不禁感嘆：「你好厲害！」

N解釋：「二樓！比較特殊！」

據說是二樓的房租特別便宜，大概是因為一樓有餐廳等店家比較吵雜的緣故，我暗暗猜想。不過，實際造訪後，我還是很羨慕。N往的是二樓邊間，十分寬敞乾淨，氣氛也很好，白色的牆壁、房門和窗框，總之就是給人那種「英式老房子」的感覺。

N讓了睡床給我，他則睡沙發。傍晚，N做了晚餐，之後我們閒聊了一會，因為時差，我在不知不覺間睡著了。

突然有人敲門，與其說是敲門，更像是「砰砰砰」地拍門。

「怎麼回事？」我驚訝地起床，發現N一臉厭煩地皺起眉。

「不必在意。」N拋出一句話，視線又落回教科書。

可是，這段期間仍是有人敲門不斷，該不會有什麼急事？好比火災之類的緊急狀況。

我起身直接走到玄關，透過門上的防盜眼望向外面。在我剛接近門前時，敲門聲便停止，而且門外沒有任何人。

「外面沒人，所以不用管。」N想阻止我開門。

真的不可思議，我暗暗在想時，敲門聲又再響起。這次不是N的住處，而是隔壁或對面的住戶。

「砰砰砰！」敲門聲持續著，但鄰居似乎沒有應門的動靜。我再度湊近防盜眼，隔著走廊的斜前方住戶門口空無一人，白色的門上卻印有數枚紅手印。

我嚇得無法動彈，敲門聲突然停止。過一會兒，換成隔壁鄰居的門響起敲門聲。斜對面住戶的門上仍附著好幾枚重疊的紅手印。我按耐不住，輕輕開門，N再沒有再阻止我。

透過門縫偷看隔壁，雖然有敲門聲，卻沒看見半個人影。而對面住戶門上鮮紅手印已消失，敲門聲也停止了。

誰不知我一關上門，對面又傳來敲門聲，我不由自主地再三湊近防盜眼，發現對面住戶的門上出現手印！如之前所見。

「只有透過防盜眼，才看到手印，明天就會不見。然後，即使透過防盜眼，也見不到敲門的人！」N告訴我。

貓語

「所以，二樓！比較特殊！」N苦笑。

「二樓所有住戶的門都會被敲過一輪，雖然不是常態，不過比偶爾的頻率高一點。傳聞這房子的停車場曾發生命案，但沒人知道這種狀況是否與那件案子有關，也不清楚為何是二樓。房客們僅僅知道，不去在意就沒有問題。一個晚上只會出現一次，妳可以放心。」

果不其然，敲門聲漸漸遠去，最後消失在房子的一角。

三四 軍服

朋友S是一個興趣頗怪的男生，專收軍用品而且對新品和複製品毫無興趣，熱衷於收集二手貨，可以說是收藏家。

一天和其他朋友去他家拜訪。

「他真的很熱衷！」我心想。看見他整間屋子都擺滿古舊的軍服、凹陷處處的便當盒等收藏品，我忍不住主動說：「你這些收藏品實在了不起！」

「還好啦。我幾年前弄到一個很厲害的東西！」說著從架上拿出一套軍服。看起來像是舊日軍的，從胸口到腹部有著令人不舒服的汙漬，更殘留幾個彈孔。

「聽說是帶著遺憾死掉的士兵遺物，是從屍體上脫下的。」S一臉得意。

「我覺得你這個興趣實在不太好吧。」我忍不住皺眉頭。

他大概是誤會我的表情，「妳不相信，對吧？」S露出奇妙的笑容，又自言自語：「算了！」然後他以衣架撐起軍服，掛在門前的牆壁。

接下來，大家朋友又再聊了起來，你一言我一語，不知不覺就到了深夜，S熱情地留我們過夜。

閒聊間我不知不覺睡著，深夜醒來，看一看手錶，已快天亮！再看一看S和其他朋友，他們全部都在露台抽菸喝酒。我想再睡一下，翻了個身，卻發現有人站在客廳的牆邊！我嚇了一跳，隨即想起，那是S收集的軍服，正正掛在牆壁。

當我再轉身看看朋友們全在露台，不可能是他們，隱約可見白色牆壁，有一道黑色背影，我不經意再望去，發現那道背影像是垂著臉，肩膀部位能看到些許側臉，看上去，那男人像咬牙切齒地瞪著某處……

貓語

我經常善意提醒朋友，若是自己的氣場不夠，就不要亂收藏二手物品，否則後患無窮。

三五 約定

朋友N的父親是因肝衰竭去世的。

那個時候，N仍在加拿大留學，接到父親病危的通知，急忙整裝返港，心中認定恐怕見不到父親最後一面，在飛機上不斷懺悔，早知如此就不要去留學。

一向健康的父親居然病倒，初接獲入院的消息時，他立刻察覺情況不妙，但醫生非常驚訝地表示，父親已經撐了好一段時間。當N趕到醫院時，父親仍有意識，儘管不能說話，但當N握住他的手，他會微笑回握，輕輕點頭，聆聽N的說話。

那天晚上，父親陷入昏迷，隔天便靜靜停止呼吸，彷彿真的是為了等N回來。

之後，N的家中就發生一些奇怪的事情。首先，一回到家，屋內的三個時鐘全停了。停止的時間都不一樣，並未指著特定的時刻。不過，N的母親和妹妹表示，才剛換電池沒多久，連根本不可能停下的時鐘都停了。

接下來是電器用品壞掉。

因忙著守靈、舉行葬禮的過程中，電器用品接二連三地壞掉！雖然每樣都有點陳舊，說是壽命已盡也不奇怪。但不斷故障的情況，連聚在家裡的親戚們，也都看得目瞪口呆。

葬禮結束的一週，宛如天上掉下來般，一隻小貓跑進家裡。

當N注意到時，小貓在搖搖晃晃地走著。N心想，大概是從打開的窗口或大門鑽進來。可是，N幾乎沒有在自家附近見過貓的身影，所以這隻小貓的出現也實在太突然。

小貓約一個月大，乍看像是美國短毛貓，經獸醫鑑定，果然是。N的母親抱著小貓笑說：「這是你爸送的禮物！他真的履行了約定……」

父親生前，母親曾說想養貓，而且希望是美國短毛貓。雖然父親回答「到時候去買一隻」，卻一直拖著沒做，跟著，父親便病倒了。

至於故障的電器，全是母親嫌老舊，希望能夠換新的。

「你爸雖然說要換就換，但我又覺得都沒壞，換掉太可惜。」

當時母親只是隨便說說，並未付諸行動。如今既然故障，正正可用父親的保險金和退休金通通換新。

N對我說，自此之後，家裡仍持續發生古怪的事，但感覺沒有什麼大不了，例如，晚上回家，發現一盞出門前沒有開的燈亮著。或當他和母親、妹妹陷入想念父親的低潮，屋內會突然傳出各式各樣的巨響。有時是東西掉落的聲響，有時像樹木爆裂聲音。

三人總會說著「啊！嚇我一跳」，然後互相看著彼此驚慌的表情，倍感滑稽地大笑出來。

三六 底片

「過來我的剪接室，有東西給妳看！」朋友T說。

T是個電影預告片剪接師，為了剪接某部電影的預告，他常待在電影公司的剪接室。工作到一半，停下來休息。此時，他發現架子角落有一罐沒有貼標籤的底片，不知道是誰忘記帶走。

他想也沒想，打開一看，罐裡只有一小段底片，而且只有三格。

他想不透，怎會有人慎重其事地收著這些零碎的底片？他透過燈光，檢查底片的內容。

第一格是穿旗袍的少女，第二格也一樣，第三格依然是相同的位置，相同的旗袍。

可是，少女沒有頭。

T詢問過剪接室的其他工作人員，沒有人知道那三格底片是誰留下，或是從那裡而來。我看過之後也覺得毛骨悚然，最後T沒有處理那三格底片，只是原封不動地放回架子上，裝作不曾發生過。

三七 手扶梯

旺角某大型商場有座很長的手扶梯。之前曾發生過一宗意外。

據說，那座很長手扶梯常會出現靈體，是非常有名的傳聞。至於裡面的靈體，則有多種形象。有人說是女子，也有人說是渾身浴血的男子。

當然我全部都看到，但都不能解釋其中，除了我伯父之外。

伯父是興建那棟商場的工作人員，實際上，他在工程現場時，一靠近那座手扶梯就會很不舒服。

依他的證言，靈體不只在手扶梯出沒，也會在工地現場到處出沒。

一天，他爬上梯子工作時，說聲「給我釘子」，旁邊立刻有人送上。由於他站在很高的梯子上，疑惑怎會從旁邊遞來釘子，側頭一看，根本沒有人。不僅如此，他的周圍空無一人，他拿到的是一堆生鏽的舊釘子。

此外，監工也曾在工地現場遇到穿工作服卻沒戴安全帽的男人。監工提醒對方，對方便緩緩回過頭。只見雙眼充血、臉色發黃的中年男子，瞪著監工慢慢消失，這種情況發生過好幾次。

工地現場常會出現穿著工作服的靈體傳聞，時間一到，工人們便急急忙忙收拾工具，之後便鳥獸散。

貓語

根據傳聞，那裡曾是煙花之地，不過，我不確定是否有這回事。雖然不清楚原因，但直到現在我都絕少踏足那座商場。

三八 困擾

小時候的家裡常有很多靈體出沒。

現在已經想不起靈體的模樣，小時候的記憶也很模糊，或許打從一開始就是很不清楚的樣子。儘管叫「靈體」，但我沒有靈體頭上長角、身體特別龐大的記憶，只有黃、紅、藍、綠、深灰色的影象，鮮明得近乎不可異議。那時候的靈體全身幾乎都是這樣的顏色，卻不覺得它們穿了衣服，或許那就是它們身體的顏色！

先不談實際上究竟是怎麼回事，總之走廊上就是會有某種五色的東西。那些東西待的位置也經常改變，但會並排在走廊兩側，玄關較少，愈往客廳就愈多。靠近廁所的地方，它們會密密麻麻地擠在一起。年紀還小的我非常害怕那些東西。偶爾看到它們站在睡房門口，我會害怕到不敢進去。

最恐怖的是，在晚上上廁所的時候。

不可思議的是，我沒有因為它們站在廁所門前感到困擾的記憶，然而，要穿過緊緊站在兩旁的「靈體」的行列去廁所，還是令我恐懼。

從二樓走到一樓時最恐怖，我覺得只要一踏上沒遮蔽物的階梯，走廊兩側的那些東西就會立刻抬頭望著我，經過走廊時，它們也會一直盯著我。

除了我，沒有其他家人見過它們，當時我告訴自己，倘若大家都見不到，自己應該也可以看不到。即使如此，有時經過走廊，還是會有毛骨悚然的感覺。

貓語

我真的非常害怕。但當我怕到忍不住哭泣時，大人便會拿藥給我吃。現在想想，那大概是安神定驚那類的藥。但不是吃了藥，就不會看到它們，它們還是會讓我恐懼。向父母親哭訴那些東西多麼恐怖，他們也只是告訴我「沒有那種東西」。如此一來，我更是難過，更是懊惱，又不禁哭泣。相同的情況不斷反覆。

之後，有人告訴我的父母親，可能家裡風水不好，所以進行裝修。走廊的格局改變，那種毛骨悚然的感覺也消失無蹤。

三九 白衣

某天晚上，U開車載我回家。

我們行經大埔公路，那是一條山路，彎位頗多。由於是凌晨三點，幾乎沒有車輛，我倆把握大好機會猛踩油門，遠遠超出速度限制。

途中，我們都看見前方有個白色物體，隨即發現是一個穿白衣的女人背影。她低著頭，走在雜草叢生的路旁。

「怎麼可能？」我在尖叫，U卻在大叫「出現啦！」這種時間，女人不可能單獨走在這種地方，還穿著必備的「白衣」，一定是靈體準沒錯，我們激動地吵嚷著。

U原來就喜歡靈異事物。他買車後便經常在深夜兜風。他會去傳聞有靈體的地方，或者四處找尋傳聞中的廢墟。不過，從未碰過真正奇怪的事情。只是每次碰到有點可疑的情境，或遇見什麼，就會情緒高昂。儘管如此，他並不認為自己真的看見靈體或遭遇怪事，最後都只是一場空。

但是，我們覺得情況有點不對勁，凌晨三點，附近甚至看不到任何人家的燈光。

我心裡雖然有點疙瘩，但他仍興奮地開車接近那個女人。車頭燈正正照向她的背影。

那女人身穿白色夏天衣服，低著頭一步一步走著。她髮長及肩，年齡介於在二十歲左右，由於前髮垂落，看不清面孔，但體態和氣質給我們有這種感覺。

吵鬧不休的我們頓時安靜下來，仔細地觀察，她的下巴線條十分纖細、嘴巴很小，有著圓圓的輪廓，車速慢到我連細微的地方都看得一清二楚，簡直像慢動作般，跟著我們追過了她。

因為速度慢到他有時間做比對。女人的白色身影彷彿浮現在後照鏡中，緩緩遠去。

U的視線開始從鏡子移開，瞪著前方踩下油門，坐在旁邊的我，隨即低頭說：「快逃！」「不要看鏡子，總之快逃！」

U便按照我的話做了。

貓語

到底我看到什麼？

我看到那個白衣女人，轉眼變成了紅衣亂髮女郎，並瘋狂地追著我們的車子！我甚至可以見到她伸長手肩想拍打車子的後車箱。重點是我們已經踩下油門，她如何追得上我們？世界冠軍也不可能吧！

我們終於把車駛至大街，下車一看，發現候車箱有五條抓痕，像被人用手抓過一樣。

四零 女孩

事情發生在我打工時候的辦公室。

晚上十點，只有我和另一位同事還留在辦公室加班。工作告一段落，我無意間抬起頭，發現有個小孩站在辦公室門口。那個小女孩瀏海齊眉，穿白色上衣搭紅色吊帶裙，她探頭進來，好奇地窺望辦公室。

「妳在那裡幹什麼？從哪裡來？」

聽我這一問，女孩微微一笑。

「妳跟誰來的？」

我想起身走近，女孩露出惡作劇的笑容，推開手邊的椅子。接著又踢了一腳辦公室的門，跟著又露齒一笑。

見我不高興地步向門口，女孩笑著逃跑。我和同事在後頭追著，看到她跑到走廊，衝上樓梯，我們拚命追，由十二樓追至十四樓，十四樓通往天台的樓梯設有鐵欄。但當我們抵達時，女孩卻已在鐵欄的另一邊！站在陰暗的樓梯中段，微笑望著我們。

鐵欄雖然能打開，但這種時間肯定已上鎖，已鐵欄的空隙很窄，應該連孩童也無法穿過。

於是我們尖叫逃回辦公室。

貓語

我們只見過她一次。沒有人知道這個女孩是誰，只聽說很久以前她就已經在這大廈出現。

四一 錢仙

我在新加坡旅遊時，曾經和七個朋友一起在飯店講鬼故事。我們在暗暗的房間裡，各自述說怪談，氣氛正熱烈，突然有人提議玩「錢仙」。

我們向飯店職員要了一份當天的報紙，備妥硬幣。因為人數太多不方便，便由其中三人代表將手指放在硬幣上，我則在一旁看著。

三人認真地呼喚後，硬幣稍微有點移動。其他人提出一些無聊問題，硬幣給的答案則頗為可疑，有的似乎很準，有的一看就知道是亂答。經過三十分鐘，我感覺周圍漸漸變得陰冷。

聊鬼故事和旁觀其他人玩「錢仙」時，有時我的背會一涼，甚至冒冷汗。此刻，這兩種狀況都很嚴重。手臂到肩膀一帶接觸到冷得相當異常的空氣。

「妳不覺得這裡的溫度特別低嗎？」

經我這麼一提，朋友A便摸了一下我的手臂，驚訝地說：「好像有一團冷空氣。」其他朋友也紛紛試著觸摸，發現我的手臂一帶，有個差不多人頭大小的不明物體，唯獨那裡有種冰冷的感覺。

「不妙，我們還是請他回去吧！」

我提議，於是她們對「錢仙」說「請回去」。接著，硬幣像是受到文字吸引般開始移動。

「錢仙」指到「回」、「去」兩個字。

通常確認「YES」三個字母移動就能結束。這樣算是結束嗎？一個朋友難掩疑惑。另一人認為既然說了「回去」，應該可以結束吧。慎重起見，一個朋友又問一次：「可以結束了吧？」

「錢仙」仍然指到「回」、「去」兩個字。

「如果可以結束，請回答YES。」

還是「回」、「去」這兩個字。

我們面面相覷，不論怎麼問、怎麼拜託，硬幣都只指到「回」、「去」。

手指放在硬幣上的朋友開口：「既然這樣，請你回去。」語畢，她便強制停止遊戲。

「一定回去了，沒事的。」朋友B這麼說，房間角落的電視突然發出聲響，開關打開。畫面出現音量極大的雜訊，接著傳出響亮地「啪」一聲，畫面彷彿被螢幕吸入，瞬間變暗。

螢幕完全變黑前，湧出喧鬧聲。

那似乎是一大群人在齊聲慘叫，我聽到日文說「道子」，B說聽到日文說「媽媽」。

總之，很多人各自呼喊著不同人，像配合畫面轉黑，然後消失。

我和朋友們急忙衝出房間。

貓語

之後，我們塞了點小錢給清潔工，才問出原來那家飯店是鏟平日本人墓地建成的。它們也許渴望回家，或是不停呼喚著留在故鄉的某個人。

四二 神明

某晚回家時，我抄捷徑，那是一條通過社區內的小路。

「砰！」我突然撞上硬物，後退兩、三步，驚訝地眨眼，但不覺得痛。

大概是多心了，我重新向前行。不料，再度「砰！」一聲撞上硬物！

我戰戰兢兢地伸出手，眼前有著看不見的東西，那東西很溫暖，還覆蓋著柔軟的毛髮似的。我試著摸索，確認是一個比我大的不明之物擋在前方，而且是背部！

那東西動也不動，不過似乎沒有要加害我的樣子，只是背部朝著我，站得很直。

謹慎起見，我再次往前走，果然又撞到那東西！

我非常驚訝，決定改道。我繞過那看不見的東西，前行幾步，回頭再看，依舊半點影子，都沒看見。

貓語

那時我並沒有太高靈力，所以看不到它究竟是什麼，但後來一位師傅告訴我，我撞到的應該是一位神明！因為它是暖的，而且毫不反抗地任由我去摸索它的軀體，若是靈體，它們是冷的，而且絕不會任由我去摸索。

早知是神明的話，我就不會跑掉（笑）。

四三 哥哥

那天，我的身體狀況不佳。一早就覺得腦袋昏沉，身體也漸漸沉重起來，大概是感冒。回到家，身體真的支撐不住，頭重得受不了，量過體溫，雖然沒有發燒，但卻好像穿著濕衣服般全身發冷。

開了暖氣，躺在沙發上滑手機，但始終坐立不安，總覺得客廳裡有其他人，似乎有雙眼正看著我！

「一定是感冒心裡不安，才會產生錯覺！」我心想。

有點餓，於是起身去社區內的餐廳吃下午茶，但仍無法擺脫這種感覺。勉強把食物吞下，就回家歇著。

回到自己的房間，打算躲進被窩，卻怎樣也靜不下心，索性走到陽台去。

外面的天氣，十分溫暖。四周的樹葉逐漸變色，路上的鄰居來來往往，周圍住家傳來各種雜音，我這才感受到人的氣息，鬆了口氣。

我靠著扶手，相熟的鄰居朋友經過下方。因獨自一人在家，頗為不安的我出聲問：「妳要不要來我家拿書？」

朋友揮手答：「好！」我也對她揮揮手，然後急忙衝到樓下的玄關開門。

當朋友進屋後，家裡突然暖和起來。

「我有點感冒，一直心緒不寧！」在帶朋友前往客廳，我解釋著。

「所以，妳哥哥才陪著你嗎？」朋友說，「剛剛他在陽台，搭著妳的肩膀，你們感情似乎很好！」

貓語

當然，我並沒有哥哥！究竟朋友看到誰？而那個「哥哥」又是誰？我一直找不到答案。

四四 靈魂盒子

朋友C買了一個俗稱「靈魂盒子」的東西。那東西是個黑色的，可以聽到電台節目的盒子，像一部小型收音機，但當調頻到某一個頻道時，據說會聽到附近的靈體聲音，而且還可以對答！

他邀請我一起去試玩，當然我不需要這個玩意也能感受到，但見他興致勃勃，就陪一陪他。

那晚，我們一起去到海邊，那邊的他正忙著想將盒子調到適當的頻道，這邊的我已感到陰風陣陣，不少的靈體正圍著C，看他究竟在搞什麼。

突然有個女人透過那盒子說：「其實，我有件事想告訴你……」隨即消失。

「這是怎麼回事？」C既高興又困惑。安靜了一會，那盒子就傳出平常收聽的電台節目。他很在意剛剛被中斷的說話，再嘗試調整天線和頻道。當調到某個位置後，我們又再清楚聽見剛才的女人在說話。

「……所以我很生氣……」

那個位置應該是沒有廣播節目的空頻道，話聲很清晰。我們仔細聽，發現那個女人，不停訴說著自己的心情。

「我絕不會原諒他（還是『她』？不知道……」女人說完，話聲又中斷，之後理所當然傳來雜音。C又再調整一陣子天線，卻已經再聽不到任何聲音。

我不清楚這機器的實際操作理論，不過應該是混到奇怪的電波？而且，也不像廣播節目，彷彿是有人對著麥克風自言自語。

「該不會是竊聽案？會不會很麻煩？」偶爾聽到竊聽的電波，算是犯法嗎？我不知道，但還是好言相勸：「這不是什麼好東西，不要聽比較保險。」

可是C還是有點在意，不停地在調頻……

貓語

最後我忍不住告訴他，是一名在該海灘淹死的女靈體，透過盒子向我們說話。說著，突然有一個格外清晰的聲音飛到我們的耳邊：「有件事情我一定要告訴你們。」這個聲音太過真實，彷彿近在身邊，C慌張地關掉音響。

他還有沒有繼續玩？下一本書告訴大家。

四五 男人

某天，我去朋友的新工作室陪伴他工作到深夜。工作結束後上廁所洗手時，無意間看了一下鏡子，發現背後出現一個男人！

「你在幹嘛？」我尖叫著回過頭。

背後空無一人，是錯覺？我低頭看著自己的手，洗完手抬頭再一看，鏡子裡映出我背後有二個男人。我驚訝地回頭，依舊沒看見半個人影！

我半瞇著眼，關上水龍頭，急忙走出廁所。正要衝出去之時，廁所大門上半部的玻璃窗，映出一排男人！

貓語

聽說，很多人都討厭這座工業大廈的夜間保安工作人員。

四六 牙膏

「妳真的要來我家看看！自從搬進來之後，怪事頻生！」朋友S語帶哽咽地說。她的新家位於九龍灣某社區。一人一貓住在十多坪的單位，很是寫意！可是最近發現一件怪事，就是每天起床，就看見牙膏總是擠了大半出來！

起初以為是自己晚上刷牙後不小心，漸漸就發覺好像不大關自己的事，開始懷疑是貓的惡作劇。

氣上心頭，就把貓關進籠子裡，教訓一下。

第二天起來，發現牙膏仍舊被擠出了一大半！貓則在籠子中低聲喵喵叫了起來！她看得毛骨悚然，於是才撥了電話給我。

去到她的家，我看到一個小男孩在周圍蹦蹦跳跳著。原來她入屋前沒有依據傳統習俗進行拜四角的儀式……

貓語

拜四角為香港搬家入住的習俗。不少人會到衣紙店買一套四角衣，到新屋進行「拜四角」，以求安宅作用。四角即屋的東南西北，以逆時針方式拜祭，有人也包括廳中間，變成「五角」。傳統上需點燃香燭，即使不為迷信，也可除屋內霉氣。

四七 銅像

我家社區裡有一組背對背站立的一對小童銅像，它們向某方向舉起單手，各自指著天空，只是，兩隻食指都沒有指尖，被切斷了。

沒有人知道銅像是何時放在這的，包括管理員。

有一晚我去跑步，發現銅像不見了，細問之下，原來是拆下拿去維修了。

天氣陰冷，我就依在那空無銅像的欄杆休息，突然全身不能動彈，彷彿聽見有小孩在我附近嬉戲，跑來跑去。

我渾身是汗，出力地扭動著身體，可是仍不得要領，動彈不得！高聽呼救，可是管理員卻像聽不到似的，然而他們只是和我在咫尺之間！

兩個小孩走到我跟前，我認得它們就是銅像的一對小童！嚇得我魂飛魄散，發狂地扭動身體。

「我幫妳！」一個年紀較大的管理員終於發現我，從身上拿出一條有佛牌的項鍊，放在手中合十，再唸唸有詞！

終於可以移動身體，我累得坐在地上，該管理員把我扶到管理室，等我坐下休息，再倒了一杯熱茶給我。

「妳已經不是第一個了！」他幽幽地說。

「究竟是怎麼回事？」我喝著熱茶問。

「我們不可以告訴住客，但跑步還是不要來這邊比較安全！」無論如何追問，他都堅持守口如瓶。

貓語

從此，我再沒有去那邊跑步！我懷疑銅像是風水物，用來鎮壓靈體，因為我這社區的前身是原住民的墓地。

四八 同學

因為工作迫在眉睫，經常熬夜。也許因為疲倦的關係，老是碰到俗稱鬼壓床的情況（即以為自己已熟睡，卻突然醒來，接著全身無法動彈）。遇上這種情況，我便會擔心出現靈異現象。

當時我也認為，等工作結束，就不會再碰到這種痛苦的遭遇。再稍微忍耐一下就好。我總這麼告訴自己。

一晚，我從熟睡中醒來，房間內空氣不知為何變得稀薄，想深呼吸，身體卻又動彈不得，當時腦袋想到又是鬼壓床了！

雖然明知是熟悉的鬼壓床，內心仍非常焦慮。打算閉上眼睛，可是眼皮竟然動不了！我看著漆黑的四周，發現身旁有個特別黑暗的地方。

在棉被的旁邊，正正就在我胸口一帶，有人坐在那裡！嚇了一跳，但卻移不開視線。過一會兒，眼睛逐漸習慣黑暗，我看清楚那個人，居然是我中學時代的男同學「銳雄」。

它身穿黑色衣服，低頭跪坐。

它動也不動，自顧自地坐著，我拚命地唸觀音經。

此時，一把清晰的男聲傳來：「銳雄，不要這樣！」

我嚇一跳，鬼壓床同時解除，棉被旁邊的它也消失。

貓語

「銳雄」是我中學同學，早年因經濟問題，在家燒炭輕生。我不知道它為何會跟上我。

另外，我認為自己的確聽到男人的話語，那是中年男子的聲音，語氣溫柔，卻非常堅定，那是不可能用文字形容的聲音。

我想這可能是我信奉的觀音話語！因為我曾在自家見過祂，詳細內容請看下一篇。

四九 觀音

我是信奉日本神道教，除了特定的神祇，神道教也信奉觀音，我家供奉的是「南無十一面千手千眼觀世音菩薩」。

某一晚我在家唸觀音經，突然全屋的燈光無故關了，剩下神壇上的燈仍然亮著，於是我想起身去電箱檢查是否跳電，可是卻動彈不得！

「不是吧？坐著也被鬼壓床？」經過上一次見到「銳雄」之後，我擔心再次出現靈異現象，得快點在看到什麼前能站起來，愈焦慮、愈掙扎，身體愈沒有任何反應。

剎那間，神壇上的觀音發出一道不刺眼有著微微的閃動的光芒，像正在燃燒的蠟燭。光芒漸漸地變大，露出一個人的形態。奇怪我並沒有驚慌不安的感覺，反而有一絲絲溫暖感。

我肯定自己不是眼花或遇到靈體，因為感覺完全不一樣。有一陣輕輕的、淡淡的壇香味道，那味道實在難以忘懷。

祂只出現了幾秒，便消失無蹤，跟著身體可以動了。

貓語

我見到的觀音大使法相是男的，有一頭濃密的黑色曲髮和鬍子，看過一些參考書，觀音大使未傳入中國之前，古老的法相根本是個男的。資料可以自行上網搜尋，在此就不重覆說了。

五零 買錶

朋友A是個高級鐘錶銷售員，因為口材好，所以有很多熟客。

有一天，一位客人方先生打電話給他，說要找一隻限量版的手錶送給太太做生日禮物。

大生意啊！當然一口答應。

過了兩個星期，手錶找到了，打電話給方先生，卻沒有人接，只好留言給他。

又過了幾個星期，甚至整整一個月也找不著方先生。公司也催促他快點將手錶賣掉，因為公司需要現金周轉。

他開始心急如焚。

有一晚正準備下班，一位自稱方太太的高貴女士走進店內找A，說要來拿手錶。

A心生疑惑，因為沒有單據，手錶又價值不非，不可能隨便就交予別人。

「方太太，待我給方先生打電話說一聲！」A有禮貌地說，並招呼方太太坐下。

「不用了，我先生一個月前突然腦溢血，現正昏迷中……」方太太突然眼泛淚光說。

「我可證明我是方太太！」

她拿出結婚證書、家庭照片、方先生的手機和身份證明給A看：「說了你也不會相信，昨晚夢到我丈夫，他吩附我一定要來拿手錶，因為是我的生日禮物，支票也準備好，你可以拿去銀行兌現後才把手錶給我！」

最不可思議的是方太太可以把該手錶的品牌、款式、顏色、價錢和方先生何時打電話給A去找手錶的日子說出來！

貓語

最後A把方先生購買手錶的支票拿去銀行，果真能兌現！手錶也就交給方太太了。

亡者託夢經常聽到，甚至我也有過經歷，但昏迷中的病人託夢，倒是第一次聽見。世界之大，總是無奇不有！

五一 炒飯

有一晚，我獨自去社區附近的日本料理店吃拉麵。

點菜後發現有位少女坐在我的旁邊，沒有點菜，只是靜靜地坐著。我低頭看一看，嗯，只穿著一隻靴子，是個枉死的靈體。

沒有和它即時交感，只低著頭默默地把拉麵吃完。

「想吃點什麼？」我開始問它。

「炒飯，我想吃炒飯！」它幽幽地說。

於是我外帶一盒炒飯便當。

「跟我走吧！」我說。

她站起來，一拐一拐地跟我出餐廳，應該是斷了腳。到達附近的公園，我把便當打開：

「請用！不用客氣！還熱的！」

它露出感激的神情：「謝謝！」然後深深地吸著炒飯的香味。

之後我便離開了。

貓語

這種事情發生在我身上的機率很高，只要我做得到，就一定會做，因為有可能一盒炒飯就可以完成它的心願，讓它早日脫離苦海。

五二 揮手

有一晚深夜，手邊的工作告一段落，我到工作室的走廊上抽菸和吹風。這個夏季真熱！

靠著窗邊休息時，有人在街上大聲地叫上來。仔細一看，是隔壁工作室負責人Y和K，及另外一個男生。其中一人更大叫我的名字，並熱情地向我揮手。

「好丟臉！」我揮著手暗想。於是，那三人也一起揮手。街燈光線反映中，我看見其中一人，就是那個大叫我名字的男生，還不斷往上跳。

我覺得不好意思，便離開窗邊回工作室。不久，他們回來了，但只有Y和K，另外的男生卻不見。

「你們不要在深夜那樣大聲叫我，挺丟臉的！」聽我這麼一說，他們互望一眼：「我倆沒有叫妳。我們在街上見到妳，不知為何妳滿臉笑容地揮手，我們還說妳『怎麼這麼興奮？』，雖然覺得很奇怪，但我們還是跟著揮手！」

不對，當時的確有人叫我，雖然不是他們，不過另一個男生的確叫我了，還高興得蹦蹦跳跳。但是後期仔細想，我發現自己從沒見過向我揮手的那個人。而且，後來我才想到……只有「他」穿著厚厚的冬季衣服！

五三 紅衣女郎

那晚，我去找住在我家附近的朋友拿點東西，經過她家垃圾處理室的時候，赫然發現一個穿紅衣的人型物體放在地上！而那物體只有上半身。

因為有點距離，我停下腳步再看清楚，的確只有上半身，而雙手正用力地按著地下在爬行！霎時心膽俱裂！

定過神來，心想現正是下班時間，社區內人來人往，可能不是靈體，是一位殘障人士吧！但我看到明明是一個長髮及肩的女人。

那刻我忘了自己有一對陰陽眼！

再起步，走近到那位殘障人士時，一陣強烈的血腥味正撲鼻而來，再看看，發現它真的只有上半身，清楚看到腸臟，並一直向前爬行，後面還留有一條血路！

頓時嚇得魂飛魄散！頭也不回地跑回家！

貓語

我打電話告訴朋友如此可怖的畫面，天殺的他才告知我當天有一個穿紅衣的女人跳樓，落到地面時身體已經斷成兩截！

五四 怒吼

生日派對非常輕鬆愉快。

七個人擠在我家的客廳。雖然很擠，但大家開著愚蠢的玩笑，場面相當歡樂。後來大家都笑累了，我便播放喜愛的音樂。不知道是第幾首，流洩出動人的抒情歌曲，大家不禁靜靜側耳傾聽。

此時，喇叭傳出微弱女子怒吼聲！

怎麼回事？眾人面面相覷。有人猜測，是那種會出現怪聲的歌嗎？我重新再播放，怪聲卻沒有再出現。

我和朋友都在聯想一些不可思議的事，跟大家分享後，氣氛變得有些不自在。不過，我幽默地打了個圓場，最後派對便在一片愉快熱鬧中結束。

我站在大門與大家道別，屋外吹著涼爽的晚風。

在互相道別之際，遠處又傳來女子的怒吼聲！眾人驚訝地回頭。我家隔壁有道高的圍牆，一名穿紅色衣服的女子從陰影處中冒出來！

它踩著高跟鞋，伴隨響亮的腳步聲衝來我家門口！

貓語

這是一次集體遇鬼，因為大家都見到那紅衣女靈體從隔壁的圍牆冒出來，而且大家還見到它經過我家門口時，怨恨地瞪著我們。

五五 兒時好友

小時候，大約四歲的我，並不曉得靈體是什麼一回事。

那時，有一小段時間是跟奶奶在澳門居住的。她的家位於路環，屋外有條小溪，溪內有些小魚，有事沒事我都到那裡玩。

可惜附近沒有小朋友，我只能獨自地遊玩。

有一個清晨，大概是六時左右，吃過早飯後，又去了那條小溪邊玩耍。

「一起玩好嗎？」一個跟我同齡的小男生，站在小溪邊跟我說。

小孩子之間總是單純，我們一下子，成了好朋友。

「你住在這裡嗎？」有一天我問。

「對呀！就在上面，但我不能帶妳上去玩！那邊有很多老公公、老婆婆！」他指向前面說。

沒多久，我要回香港，無奈之下只能哭著跟好朋友道別。

小孩子對事情的淡忘速度很快，我也不例外，開始忘記這個朋友。

事隔多年，爺爺在澳門病危，於是我們舉家前往見最後一面。所有儀式結束後，我們陪伴爺爺的棺木上山，原來墓地就在他們家的前面。下葬後，我們把孝服脫下，當場燒掉。

「噢！如此年輕！也給他一些祭品吧！」見到家人圍著爺爺隔鄰的墓碑在喁喁細語，我也上前觀看。

原來是一名小男孩。他正正葬在爺爺的隔壁。

我一看覺得很面熟，不就是我當年的玩伴？原來他過世了！我把事情告訴家人，他們卻無故責罵我：「別亂說！」

以後，每年的春秋二祭，家人除了拜祭爺爺，也會拜祭隔壁的小男孩。但從不讓我靠近。

再過了很多年，唸大學的時候，我和一群同學到澳門玩幾天，當然我們就住進奶奶家。有一天早上，「既然來了，就去拜祭一下爺爺吧！」奶奶說。之後我便拿起香燭前往墓地，向爺爺墓前上香後，我也不忘向葬在隔壁的兒時好友上香。

當我留心看他的墓碑，突然毛骨悚然，因為我看見他的死亡時間，居然是我兒時認識他時的十年前！

貓語

很明顯，我的「兒時好友」是名靈體！但回想起那麼多年，它都從沒有出現在我眼前，而我也沒有嘗試去感應他。

直到現在，每年我仍會去澳門拜祭，我彷彿能看見它墓碑相片向我微笑。

五六、手機

朋友M某天在餐廳撿到了一台手機，不知道是誰留下來的，而且已沒電。

他本想把手機留在餐廳，待物主回來可取回。可是又信不過店員，畢竟是新款手機，於是他把手機帶回家充電，等待物主打電話來。

可是一天二天三天，不但物主沒有打電話來，其間手機也沒有響過，更沒有訊息接收通知。

手機是鎖著，他想開手機找物主的朋友也不行，M有點摸不著頭緒。

一星期後的一個深夜，手機終於響起，M大喜。可是卻沒有電話號碼顯示，無奈之下只好接聽。

「喂！你是不是手機物主？」M說。對方沒有回應，聽筒只傳來空洞的、似有若無的背景聲音。隨即掛線。如此這般持續了十多回，M已經按耐不住，發怒起來，把手機關掉。

過了一陣子，鈴聲又再度響起，可是手機仍然是關機的。

這下M嚇得目瞪口呆。

貓語

M馬上致電給我，要求我想辦法幫忙解決。我想也不想跟他說：「能怎麼辦？拿去警察局吧！」（笑）。

五七 眉筆

那晚，我坐在化妝桌上練習化妝。

化妝桌正對著房門，透過沒關上的門，能看到客廳的電視，而我的目光其實也不時往外看，因為電視正播著某政論節目。

「咻！」某種不明之物，掠過我的臉頰。

眉筆發出「乒」一聲，在化妝桌上滾動。

回頭一看，背後空無一人。那時候只有我自己一個人住。那可能有人從後面丟眉筆過來？而且，那是前幾天弄不見的眉筆，我還以為掉在工作室某處。

我有些迷惘，沒有把眉筆再放回原處，而是將它放在化妝桌角落。

不知道為何，我沒辦法再像以往那樣隨身帶著它。

隔了幾天返回工作室，我望向化妝桌，發現那支眉筆又消失無蹤。可能是什麼震動讓它掉到地上。我不打算找，也沒時間找，於是把要帶的東西塞進包包就出門。

休息時間，和朋友上廁所，在走廊上邊走邊聊天，身後另一個朋友叫住我：「妳掉了這個。」

遞了上來，正是那支眉筆。

貓語

究竟是誰拿著這支眉筆裝神弄鬼，我想你我都心知肚明吧！

五八 跳

「樓上那家的小屁孩每晚都在跳，弄得我睡不安寧！」

朋友A在訴苦。「最令我不安的，就是全層只有我的單位聽到，其他鄰居都聽不到！」她說不曉得從那一晚開始，就聽到樓上有人在地板上跳動，從凌晨四時直到六時。她向管理員投訴過，可是樓上的鄰居並沒有小孩，不對，應該是樓上六個單位都沒有小孩居住。

答應去她家看看，的確是有小孩在地板上跳，可是不是樓上，而是她家！有小孩的靈體在她家到處亂跳！

「有打掉過小孩嗎？」我開門見山的問她。

「有啊！妳怎麼知道？」她倒是很直接地承認。

「我看到了啊！妳還是馬上處理吧！」

貓語

事後她馬上找師傅處理，聽說在儀式進行時，那跳聲不但沒有停止，還加劇！此後，她的家再沒有聽到地板跳動聲音。

五九 忘不了

「我那套灰色西裝呢？」一持續地見到已往生的爺爺跟我說。

把此事告訴父母，大家都百思不解，因為生前從沒有見過他穿西裝。之後我提議說不如爺爺家找一找。

找遍也不見到什麼灰色西裝，連灰色衣服也沒有！正想放棄時，無意中在爺爺書桌上的一堆信件，找到一張單據，內容是一套西裝，發出日期是他往生前一個月。

我去到裁縫店，拿出單據……正是一套灰色的西裝！還附有白襯衫和領帶。我把它們拿回家，家人們都感到不可思議！

貓語

隔天我們就到爺爺墓前把衣物燒掉，我看到他非常高興地把西裝穿起，非常筆挺。

有些事，故人也忘不了的。

六零 鞦韆

那天黃昏去港島的碧瑤灣看房子。單位實用面積很好，光是這點已經非常合我心意。再看窗外的景色，非常開闊，正對著一個公園。

無意中看到一個三、四歲的小孩在盪鞦韆，似乎玩得很自在。但剎那間我卻覺得有點奇怪，為什麼該小孩附近都沒有成年人，再者，如果沒有人推他的話，那鞦韆如何動得了？

我定睛看清楚一點……原來那小孩沒有頭！

貓語

我當然沒有租下那單位，縱使租金非常合理。但想到如果每晚也會看到此景象，我真的受不了！

六一 酒鬼

表弟是大學助教。不菸不酒，是個前途大好的有為青年。

有一晚回宿舍途中，有一名年輕男子攔著他的去路：「給我錢買酒喝！」語氣非常不好。

該男子身型瘦弱，而且有點像癮君子。表弟見他年輕人一個，有手有腳不去打工，而是依靠騷擾路人討錢。所以他一手推跌那男子，並狠狠瞪了他一眼。

「妳表弟上了酒癮！」某一晚我媽媽跟我說。

到他家探望，一進門就嗅到濃濃的酒味，表弟兩眼凹陷，手中拿著一瓶威士忌。

我知道表弟已經被酒鬼附身！

「你不要再這樣！離開他的身體吧！」我對那個酒鬼說。

可是它只給我一個詭異的笑容！

我立刻聯絡相熟的師傅幫忙去解圍。事情總算告一段落，可是表弟卻病了很久，並且花了一年時間去戒酒。

貓語

無辜的表弟！其實當晚如果他沒有把那酒鬼推倒，就不會發生如此大件事。那酒鬼表示表弟沒有給它錢買酒也就罷了，它記怨的是他為何把它推倒。

最蠻不講理的，相信除了女生，就是靈體了！（大笑）

六二 無奈

表面上我是個開朗的人，但有時會覺得苦不堪言，明明見到靈體找替身，也不能告知對方去防範。

從小我就知道這個規則，並不是有人告訴我。

有時候在等候過馬路，看到靈體想把人推出馬路，我有試過想去制止，可是卻反被一股無形的力量阻止我去做。

有時候在街上見到有些漫無目的在行走的人，他們後面總有些靈體跟著，或操控著他們，我知道他們將會去自殺。

有時候見到一些人，被嬰靈纏身，它們那怨恨的目光，我久久不能釋懷。

有時候碰見一些無家可歸的流浪漢，看到他們之前的花天酒地，不思進取。

有時候我見到一些有錢富人，野蠻的政界人士，他們利用一些法門，去推延報應時間。

貓語

這篇感觸良多，希望大家明白我想說什麼。

六三 詛咒

人生第一次買房子，是在泰國。

很喜歡泰國的天氣和食物，而且房地產投資收益不錯，於是就在曼谷買了一間房子。不在泰國的時候，我就交由當地的地產代理去管理。某一天，他發電郵給我，說有客人對我的房子有興趣，問我要不要賣。

我說不要，因為我沒有住過多少次，實在捨不得！

如此這般，那位客人仍然不死心，非要得到我房子不可，不停要求地產代理發電郵去說服我。

於是我給他回了封電郵，解釋說明真的不打算賣，請他不要再麻煩我。

從此安靜，我以為。

聖誕節，我到泰國的房子渡假。

一進房子就渾身不對勁，晚上睡覺又有一大堆小孩在我床上跳來跳去，在家又不小心跌倒，像有人推倒我似的。於是我經地產代理找來一位泰國師傅來看看，他說我家被人詛咒了，所以才會怪事頻生。

貓語

我怕做完法事之後還會持續下去，因為泰國的地產代理對我說，那些專門做詛咒落降頭的師傅非常麻煩，而且有可能是那位想買我房子的客人找人做的。

為了息事寧人，只好賣掉那房子，還好價值比買時升了點！

六四 鬼國

很討厭回鬼國，因為靈體處處。

有一次我到某縣，住進一間連五星級飯店。一進飯店已經呼吸困難，接著見到一個個小孩靈體跑來跑去：有些蹲在地上哭叫，有些則好奇地看著我們這些外來人。

奇怪地我發現此五星飯店除了小孩靈體，沒有其他成年人的靈體，而且只有小女生，沒有男生！

我實在很好奇，此酒店的前身是什麼鬼地方，於是打賞了一點小錢給替我拿行李上房的工作人員，拜託他給我打聽。

兩天後有消息了，他說酒店前身是一所供生產的婦科醫院。

貓語

大家可以想像得到我為何只見到小女孩的靈體了嗎？

六五 依依不捨

「星期四、五有空嗎？」朋友K說。

「有啊！什麼事？」我回應。

「我想拍一條有關殯葬禮儀的記錄片，由領遺體到去火化……」K講了快一千字在解釋記錄片的內容。

「我只能跟你去拍攝接領遺體那一部分……」一萬個不情願，但答應了還是要去。

一早到達醫院的殮房，準備跟家屬一起接領遺體，在門外我已經見到一大堆靈體在嗅著香燭，什麼類型也有，有些沒有手腳，有些身體扁平，我想這些靈體在生時是發生意外吧。

進入辦公室後，感覺裡面很寧靜，很安詳，沒有想像中的可怕。我和朋友坐在沙發拍攝著：「請家屬來認一下亡者！」禮儀師生哥說。

當我準備從沙發站起來，赫然發現那位亡者跟四位老人家靈體一起跟著家屬去認領自己的遺體！

「我很不捨自己的太太，這四位是我的祖先！」它突然向我說明。

然後我們跟著家屬去認領遺體，一看！就是剛才跟我說話的那位先先生！

我已經不知如何是好！告訴它的太太嗎？人家以為我精神病……不說嗎？就好像了結不了那先先生的心願，真兩難。

貓語

這是我第一次進行這種另類的拍攝現場，比想像中感覺良好。雖然我沒有到靈堂，但朋友K還是把片子發給我看。我感應到那位亡者說「香火不夠」，於是就跟禮儀師生哥說。

「當然啦！家屬燒香火燒得太慢了，旁邊還有幾箱紙錢末燒呢！」生哥說。

這也算是可以映證燒紙錢的重要性吧！

六六 老伯

有一回，我陪伴朋友A到銅鑼灣，去一家位於大型商場的地下大型超市買東西。

她說這陣子老是覺得雙肩很累，買完東西後，有一位老伯突然走過來對A說，看到一個靈體坐在她的肩上！

貓語

她聽後發瘋地問我，到底有沒有？當下我不敢告訴她，因她已經嚇壞了，告知事實只會讓她身心俱疲。過了很久的聚會上，我才告訴她那天確實是有的。但那位老伯是何許人？我就不得而知了。

六七 祭品

某年我仍在紅磡上班。

在盂蘭節時我仍要加班，下班已是凌晨一時許，我和另一位同事一起到公司樓下等計程車。其間，我們留意到仍有零星的人們在燒祭品。

有一家八口在耐心地等待著，它們的衣服破舊，裝扮並不像現代人。它們待人們完全燒完祭品後，才一一吸進那些祭品的氣味。

因此，所有拜祭祖先的食品，我全都不會吃。

貓語

這個場景，一到盂蘭節我總是會見到，甚至看過有靈體因為人們上香比較慢，而去捉弄他們。

六八 硬幣

一晚跟一位同事加班至深夜。

大家一起到公司樓下等計程車時，都看到一個穿灰色外套，有點襤褸的男人，站在車站的欄干那邊，像在等人。

當我們路經他面前時，聽到他在幽幽地問我們：「可以給我幾塊錢嗎？」並伸出了一隻手掌。

同事覺得只是小數目，於是便從口袋掏出一枚硬幣，放在他的掌心。

但，我已經來不及阻止！

「叮！」一下清脆的聲音，硬幣穿過那男人的掌心，掉在地上。

接著我們默默地看著，那個男人逐漸消失於我們的眼前……

自那天起，如果我們要加班的話，就會提早叫計程車到停車場等候。

這也是同事第一次遇到靈體，嚇得她病了兩天。

六九 手提包

鄰居何老伯喪妻，為免睹物思人，他把妻子的衣物全都丟掉，只留下一些名牌手提包。某天，何老伯決定將這些珍貴的手提包送給一些經常照顧他們二老的鄰居，包括我。很多人叫何老伯不如賣掉那些名牌手提包，可是他說又不是等著用錢，倒不如送給大家作留念。

那天，何老伯把我們叫到他家準備分配手提包。可是我不敢要。因為我見到何老太的靈體大喊著：「不准要！是我的！快放下！」它向拿取手提包的人咆吼著，面容扭曲！眾人當然聽不見，看不到……除了鄰居C小姐，她和我一樣，一直推卻那個手提包。何老伯見我倆如此堅持，無奈之下只好送給別人。

「妳見到？」C小姐問我。

「嗯！」我回應。

不只人會依戀自己的物品，靈體也會，而且有更深的迷戀。在我第一本書《見鬼之後》內也寫過關於一件名牌外套的事件，經此一役，我再不敢拿人家的二手物品。

七零 移民

因為疫情和中美貿易戰的關係，很多公司撐不住，香港亦頗多人失業，朋友M是其中一個，逼於無奈，由製衣業轉去當了社區管理員。

有一晚他巡視，碰見已經移居加拿大三個月的楊先生。見他氣色不錯，整個人可以說是神采飛揚，於是上前打招呼，可楊先生只向他微笑不語。

過了數天，M遇到楊先生的好朋友何先生，便跟他說：「前兩天遇見楊先生，精神不錯！移民生活真好！」

「你確定是老楊嗎？」何先生疑惑地問。

「是啊！我上前跟他打招呼，他還向我微笑呢！」M答。

何先生面色凝重，不語。

過了一個月，何先生才告訴M，原來楊先生於四個月前已在加拿大往生了！回來可能是想看看老朋友，因為何先生自己曾經也遇到楊先生的靈體。

M嚇得良久都擠不出話來。

七一 游泳

那次跟朋友大夥兒到長洲遊玩。

我們一班人吵吵鬧鬧，非常愉快。燒烤至深夜，後來不知道是誰提議去游泳，於是大家都換好泳衣，跑去海灘。

雖然是深夜，但因為是在假日，海灘上仍有一小撮人在閒聊。

本來水深只到胸口，不算危險，但我突然很實在地，感到有一隻手，在水底抓著我的腳！

然後身體就向下沉，我不斷掙扎，喝了幾口海水！

慌張之際，幸好有朋友在我附近，一手拉起了我，否則凶多吉少。

貓語

現在回頭，我不覺得那是泥沙或海草纏著我的腳，是那種不算太用力，但很實在地有人抓著我的腳。自那次起，可能是陰影吧，我再沒有去海灘游泳。

七二 保險箱

朋友C是銀行職員。

他工作的分行搬遷，要跟另一分行合併。原有的保險箱，亦要遷至另一分行，再重新編號。

自此，常聽到保險庫中傳來「嗚……嗚」的哭泣聲！職員們都驚慄不已，銀行高層決定找法師念經超渡，從此就不再有怪聲音。

貓語

我猜想是有保險箱內藏有骨灰盅等靈物。但合併後編號有變，令它們無法回到原來的保險箱，故此不斷地在尋找……

我之前的作品《見鬼之後》也提過，迷你倉也會放這類東西，那保險箱有何不可？

七三 透明人間

以前跟家人一起住的時候，因為母親不喜歡我抽菸，故每晚回家前，總會在社區大門外先抽一根。

有一晚深夜，我如常在門外抽菸。突然聽到背後有一下「嘶」的聲音，明顯是打火機的聲音，跟著嗅到一股香菸的味道。

轉身一看，根本沒有人，但我竟然見到一個奇異景象！一根香菸凌空吊著，就似一個透明人拿著那跟菸，我也看到那菸跟著一暗一亮，即是那透明人正在抽啊！

我嚇得從此不敢再在那位置抽菸了。

貓語

其實那次頗驚嚇，一個靈體在伴著你抽菸，誰不會嚇得魂飛魄散？即使身經百戰的我，也不例外。

七四 飄

我不太喜歡吃自助餐，因為我不喜歡跟其他人擠，也不喜歡跟靈體擠。

有一年聖誕節，母親說想去吃自助晚餐，無奈之下只好跟她去，誰叫「母親大過天」！

準時六點三十分到達，食客不算多，我看到附近有個紅衣女子單獨坐一張四人的桌子，低著頭在吃東西。

我其實也不太想理她，因她穿得太有聖誕氣氛。

和母親出去拿食物，返回自己的坐位時，那紅衣女子不見了，取而代之是一家四口。

眼睛在找尋她，居然看到她坐在另一張二人桌，也是低頭吃著東西。

心想一個人去吃飯，總是會有調換桌子的情況，所以沒有覺得有什麼奇怪。

母親再次出去拿食物時，我看見那紅衣女子站起來，好像也是出去拿食物，但與此同時，見到服務生帶了二位客人過來坐那張桌子！

莫非那紅衣女子又被調換？不會吧！正常的客人也不會接受如此調來調去！

我開始盯著那紅衣女子……它居然穿過那些食客和餐桌，「飄」到外面的食物餐檯拿食物，然後再隨便找一張空桌坐下……

貓語

我馬上意識到它是靈體，此後我每次去吃自助餐都只是淺嘗即止……

七五 試衣間

我很少會用試衣間，通常買回家才試，發現不合身，才拿回店內更換。

朋友D是售貨員。有一晚店鋪快關門時，一位少女入店挑選了幾件衣服並要求進試衣間。D雖然一萬個不情願，可是現在的狀況，有客人光顧已經是件好事。

過了二十分鐘，少女仍未出來，商場的管理員也來催促。D只好去問：「小姐，衣物合適嗎？」

少女沒有回應。D敲門再問，也是沒有回應。D怕少女暈倒在試衣間內，便向管理員求救。管理員打開試衣間的門，眾人譁然！裡面空無一人，只有一堆衣服……

貓語

這是D第一次遇見靈體的經歷。我解釋給她聽，靈體曾經也是人，偶爾做回生前做的事情也很正常。

七六 固執

十一年前，旺角發生一件嚴重的交通意外，一輛小型巴士衝上行人道，造成多人傷亡，而我就遇到其中一個女靈體，詳細可看我的第一本書《見鬼之後》。

十一年後我再次在同一地點看到它，它亦一再重複又重複地做著相同的動作，向路人問著同一番話。

最近，我又再見到它，它一樣重複又重複……但今回我跟它交感起來。

「妳到底有什麼放不下？快十一年了！」我問。

「我不甘心，我大好前途，卻命喪於那位粗心大意的司機輪下！而且他隱瞞真相！我不甘心就此離開！」說完後，又重複又重複向每一位路人問著同一番話！

貓語

聽說它的家人已經為它超渡多次，但我想仍然是不成功，因為它怨念太深。若一日找不到答案，它是不會離開的。

七七 姑姑

一天黃昏，我正忙著在廚房煮晚餐。冷不防有一把聲音響起：「煮晚餐嗎？」是我姑姑。

「是啊！妳去哪啊！」我說。

「去買香啊！家裡已經沒了！」她給我看看那一袋子香。

突然想起，姑姑已經往生三年，生前就住我前面的房子……

貓語

姑姑生前是個靈媒，相信就是她遺傳能力給我。她的靈體看起來如在生一樣，因此我忘了她已經過世（笑）。

七八 踏水的聲音

最近家門外總有一灘水，我知道是「他」來找我。

「他」是我一個好朋友，二年前出海潛水出了意外，至今仍未尋回。

但我卻心知肚明。

那一晚我在大門後等「他」，沒多久，聽到有人踏水的聲音。

「是跛哥哥嗎？」我含著眼淚問。

「嗯！」傳來一把熟悉的聲音。我哭了出來

「有什麼事我可以幫忙？」我問。

「我餓……」他說。

「好的，那我準備吃的，你先迴避一下！」我抹乾眼淚去弄吃的。

之後打開大門，放下香燭和吃食，然後關門。我實在忍不住在門後咬著唇流眼淚。

之後跛哥哥就暫時沒再找我。由於至終，「他」都未曾現身讓我看過……聽說溺死的人，樣子會發漲很難看……

七九 離魂

某一早上，我在等計程車上班。

突然一陣騷動，原來排在前面的男乘客突然站著動也不動。眾人想扶他坐下，可是他卻硬繃繃地站著。

我見到另一個「他」！

「他」不停尖叫，明顯「他」自己也不知道發生什麼事。

我看到「他」在哭叫、發狂。

忽然這位男乘客的身體好像有吸力一樣，把那個「他」吸了進身體，之後那位男乘客就昏倒在地上。

眾人叫救護車把他送院。

這種狀況我稱它作「離魂」，我已經見過很多次，原因不明，我也沒有這方面的求知慾，也就沒有深入研究了（笑）。

八零 假髮

朋友N很喜歡戴假髮，原因是方便轉換髮型。

有一回，她從鬼國買了一頂假髮，自此……後患無窮！

「我掉髮！」某天她打電話跟我哭訴。

「是病嗎？」我問。

「不知道，自從戴上那從鬼國買回來的假髮後，就開始掉髮！」她哭得像氣喘地說。

「給我看看吧！可能有點問題！」我約她帶那假髮到我家。

她一進我家門口，已聞到一身腐爛的味道，再看看她的頭髮，已經掉了大半，如此美女，很是可憐。她把那假髮拿給我看，腐臭的氣味，就源於它。

「妳自己聞不到嗎？還戴上頭？」我罵她。

「我聞不到，而且我已經洗過……」她說。

我看到她的假髮來自鬼國的一名女囚犯！我提議燒掉它！N沒有異議，並加上一些祭品。

半年後，她的頭髮重新長出，而她已放棄戴假髮這玩意。

貓語

還是找髮型設計師去弄一個漂亮的髮型吧！假髮？算了吧！你永遠不知道它究竟從哪裡來的。

八一 洗衣機

朋友E的媽媽從網上買來一台二手洗衣機，惡夢從此開始。

首先是洗衣機在無人在家的時候自行開著；接著是洗衣服的途中被人關了。

有一晚，E睡至半夜起來上廁所，見那台洗衣機又自行開著了，他走過去想把它關掉，卻發現機內有件黑色的東西在轉動。

心生奇怪，難道媽媽半夜才開機洗衣服？於是他走過去洗衣機那邊看看。

他登時尖叫起來，把全屋人都弄醒了！原來他看見一個人頭在洗衣機內滾動，而且那顆人頭一直緊緊盯著他！

可惜家人不相信，硬說是他眼睛有問題。

無奈事件發生的次數太多，而且只有E一個人看到，所以只好自掏腰包，買了一台全新的洗衣機回家。

貓語

自從換了一台全新的之後，E亦沒有在家遇到奇怪的事，所以肯定是那台二手洗衣機有靈體作祟。二手物品嘛，還是想清楚再買吧！

八二　螃蟹

好友W的公公已經往生。

夫家信奉的是一個日本教派，教條規定每頓飯前必須先把飯菜放在亡者的靈堂前，之後才可以吃飯。

有一晚，W做了一個夢。公公的樣子顯得不開心。

因為W的公公生前是位慈祥的老人家，以往總是微微笑的，所以W在夢中見到他如此不高興，就問他：「爸爸，你為什麼悶悶不樂？」

公公向她表示：「嗯！因為今天的螃蟹不新鮮！」

W醒來後覺得奇怪，於是告訴丈夫，他卻默不作聲。

回到夫家，W把夢境告訴婆婆：「媽，妳有供奉不新鮮的螃蟹給爸爸嗎？」

婆婆回道：「有幾隻不夠新鮮吧！但螃蟹買回來就一起煮，怎麼知道供奉的新不新鮮？」

從此，婆婆每次都只用當日新鮮的蟹來供奉自己的丈夫。託夢這回事，的確有夠神奇，不由得你不相信。

八三 天地線

W的父親多年前因意外往生，奇怪的是，她父親只會託夢給一位不太相熟的阿姨。例如：W即將出嫁，它託夢給那位阿姨說：「既然我女兒要出嫁，我要喝酒和吃雞腿！」

W的父親生前的確有說過類似的話，但那位阿姨照道理根本不可能知道！

有一晚，那位阿姨又夢見W的父親。在夢中她跟W的父親說：「你為什麼偏偏要託夢給我？你其實可以直接告訴你的妻子、女兒和兒子啊！她們就在隔壁！」

可是W的父親說：「W很累，不要打擾她，至於我的妻子和兒子，他們則叫不醒，所以只好拜託妳了！」

貓語

有些人總是說：「為什麼只會託夢給你，我一次也沒有夢見！」其實我覺得這是一種緣份，你夢不見，可能就是跟它沒緣份，搭不通天地線！

八四 汽水

某一晚，我去便利店買東西。

我前面是一對母女，小女孩大約五、六歲，不停向母親嚷著要喝汽水，可是母親並沒有理她。

忽然那小女孩腦羞成怒，把母親推跌在地上！

我馬上跑上前扶起她，並怒罵那小女孩，可是那小女孩向我露出詭異的笑容，然後消失在我的眼前。

那位女士目瞪口呆，不曉得自己為何跌倒，也不知道我在罵誰。

貓語

那個小女孩是個靈體，它並不知道不是人人都能聽到它的要求，也不是人人都知道它的存在。

下次你們若在街上莫名奇妙地被推倒，可能就是那些小鬼向你們有所要求。

八五 鏡子

舊公司有一個樣版房，模特試衣、確認版型剪裁等都會在這間房裡進行。其中一面牆掛著一面大鏡子。我入職之後又再加一面，一模一樣的鏡子相對地掛著。

那是兩面普通的鏡子，站在前面，可看到全身，後方的一面鏡子會映出鏡中人的背影。由於兩面鏡子相對，自己的身影彷彿會被連綿不斷地吸入遙遠的彼端。因此，平常經過看一眼還好，要是周圍無人，獨自站在鏡子前看著，會很不舒服。

實際上，我每晚都會看到有一道蒼白的光芒從其中一面鏡子飛向另一面鏡子。甚至有同事看到半透明的人影穿過鏡子！

風水學上說，鏡子相對而掛是很不吉利，難保不會有靈體經過。由於實在太詭異，告訴高層，他們又不相信，因此如非工作必要，大家都不會進入那房間，除了我。

我總覺得這不是辦法，於是某天，我「不小心」打破其中一面鏡子，怪異的事情便沒再出現。

八六 黑傘

某晚下大雨，下公車後，因我沒帶雨傘，所以只能呆站在車站靜候大雨趨緩。

「我送妳一程！」一名拿著黑色雨傘的年輕男子跟我說。

「不用了，謝謝！」我微笑拒絕。

為什麼？因為我看到他只穿一只鞋子，是一個自殺枉死的靈體！我還看到它手腕的一道傷口和隱約嗅到一股撲鼻的血腥味。

聽到我拒絕，它露出失望的表情。之後走開，繼續問其他人是否需要它送一程，可是旁人卻聽不見。它的樣子顯得很失落。

貓語

聽保安人員說，早前我家附近的單位，有個年輕男子割腕自殺。我不知道它是出於一片好心，還是另有企圖，防人之心不可無，更何況是靈體。

八七 口渴

今年盂蘭節，我跟母親去燒祭品。

四周的靈體都等待著，露出焦急的表情。除了站在我身邊的一個小男孩靈體，它好像對所有的祭品都沒有興趣。我生怕它什麼也拿不到，於是就問它：「弟弟，你想要什麼？」

「我口很渴，想喝水！」它說。

「有湯飯！」我說。

「不，我只想喝水！」它堅持。

於是我去附近的便利店買了一瓶水給它。它非常高興，拿起那瓶水，一飲而盡。

「謝謝！」它說。然後消失在我眼前。

貓語

我常在想，拜祭的祭品通常只有酒，小孩子的靈體怎麼辦？果然不出所料，在往後的日子，我決定在祭品內，都會附加一瓶水和一罐汽水。

八八 黑膠

縱使沒有播放黑膠唱片的唱盤，但我還是喜歡買一些封面特別的二手黑膠唱片掛在牆上作裝飾，房子格調立馬提昇。

我很多朋友也有這個嗜好。

有一回，朋友B從法國的跳蚤市場買到一張封面很特別的黑膠唱片回來。因為事忙，一直都未將它掛起。

沒多久，管理處給他一封警告信，說有鄰居投訴他，每晚半夜三點就播放音樂，擾人清夢。

B百思不解。

一晚凌晨，我和他在聊電話之際，突然聽筒傳來悅耳動聽的女聲，唱的是一首我不知道的法文歌曲。

「現在已經夜深，快把音樂調小聲一點！」我說。

「什麼？我沒有放音樂！妳不要嚇人！」他說。

「真的，還在放，而且頗大聲，是一位女歌手在唱法文歌曲！」我認真的對他說。

第二天，他就把該黑膠唱片拿到二手市場發售。

貓語

我也不知道究竟是什麼原因，只知道他把那片黑膠唱片賣掉後，家裡再沒有出現女歌手唱法文歌曲。

八九 留言

最近總是有人在深夜，留言在我手機的信箱，那並非真的留言，只留下一個環境空洞的背景聲音。

我心生警惕，因為經驗豐富的我，已經知道不是好事情。但我又感應不到什麼。

每晚留言紀錄總在凌晨四時十五分。

一個星期後母親告訴我，鄉下的大伯父突然過世，時間大約在凌晨四時十五分。

貓語

老實說，知道消息後，我也嚇了一跳，因為太巧合了，很難不把兩件事情聯想在一起，

但大伯究竟是誰想告訴我什麼呢？

九零 賞月

今年中秋佳節，難得一家人都在一起，於是便到我家的天台燒烤和賞月。

大家都興致勃勃地在玩花燈，說說笑，氣氛相當好。

「妳隔壁鄰居也很有興緻，一家四口在賞月！」妹妹的男友B說。

「是啊！哈哈！」我微笑回應。

然而重點是，我隔壁沒人住。

貓語

很明顯B是看到靈體，而且還是一家四口，但我倒是有興趣知道它們為什麼會存在於隔壁的空屋，是不是侵佔他人財產呢？（笑）

九一 口罩

因為武漢病毒疫情嚴重，我們已經戴口罩好長一段時間了。

說一個小發現，這段時間，我發現自己判斷是否靈體的另一方法，是它們全都沒有戴上口罩！萬試萬靈。

貓語

它們根本不需要戴口罩。如果不想靈體誤會你是「自己人」，出門請一定要戴口罩啊！

九二 修甲

我的工作室附近的一個單位，是做修甲服務。但因為疫情關係，已經結束營業一個多月。

有一晚我在工作，突然聽到走廊傳來陣陣尖叫聲，於是衝出去看看。見到有兩個女生相擁而泣，其他人則在安慰她們。

「我昨晚明明才來修過甲，怎麼你說它已經結束營業一個多月？」其中一個女生哭著說。

原來該女生昨晚才到該修甲店做完修甲服務，今晚則帶另一個朋友來，而且已經跟店主約好，可是一來到就發現，非但沒有開店，連店主的手機也未能接通。於是就向隔壁店舖的店員查問，得出來的答案居然是店已經結束了很久！

究竟是那女生記錯，還是另有內情？就不得而知！我亦沒有怎去探究，只知道我們這幢工廈每層都有些古怪詭異的事情，容後再寫。

九三 無頭鬼

一晚失眠，閒著無聊，我選擇起床燙衣服。

客廳的窗戶對著內花園，無意一望，發現有個穿運動服飾的人在繞著內花園跑步。已經是凌晨，還去跑步，真的夠有恆心的。

但我再看一下，那人是無頭的！我以為是自己眼花，於是就換了另一副眼鏡，並依在窗邊再看清楚，真的，真的是一個無頭的「人」在跑步！

當它跑到我窗外時，它好像「見到」我偷窺它似的，它停下來朝向我「看」了一下，然後繼續繞圈跑！

貓語

當時是有點驚慌，畢竟是一個恐怖無頭靈體，我不知道它為什麼會出現在我家社區，更不知道為什麼它要繞著內園跑步。

自此之後，我都不敢在凌晨做些有的沒的了，失眠還是躺在床上看書算了。

九四 單車

某一個晚上，沒有月亮的光芒，顯得特別昏暗。

我如常去餵流浪貓，然後去跑一圈再回頭處理餵貓的塑膠盒。正當我蹲下收拾的時候，就見到遠處有一輛單車緩緩向我駛近。

由於光線不足，我只能看見他手拿一袋東西，我估計是附近的鄰居外帶便當回家之類，所以我並沒有理他，繼續埋頭收拾。

突然感覺到他把單車停在我的旁邊，於是抬頭一看，首先看到那袋便當……但天呀！原來不是什麼便當，而是一個紙紮的人頭！我再向上一望，原來他根本並沒有頭！

那突然其來的畫面嚇得我跌坐在地上！

「嘻嘻！妳嚇壞了嗎？」那無頭人跟我說後，慢慢把單車駛開，直到消失。

貓語

很明顯他是想把我嚇倒，並沒有什麼惡意。話說回來，我經常遇到這類靈體，突然的出現，用最恐怖的樣貌，雖說我已經習慣了，但突如其來的驚嚇我還是無法習慣。

九五 三隻手

一天我去朋友位於中環的公司。電梯關門後四面都是鏡子，令我有透不過氣的感覺。按二十八樓，電梯開始上升，突然我見到六樓、十一樓和二十六樓的按鈕被啟動了！

我從自己左手邊的鏡子，看到三隻手！剛剛就是它們在按！

電梯到達該三層樓，門都有打開，手就跟著出去。

直到二十六樓，開並沒有打開，直接跳到我的二十八樓。

我隱約聽到一陣笑聲……

貓語

我不知道手從那裡來，但我可以肯定它們是想捉弄我，否則不會發出笑聲。到我離開的時候，老實說，的確餘悸猶存！

九六 門鈴

又是關於我大伯父過世的事。

臥病已久的他，最後的半年都是在病床上渡過的，雖然有一半時間沒有意識，不過不算特別痛苦，而是安詳辭世。

他的乾兒子說做了一個意味深遠的夢。

「大概是兩、三天前，我在夢裡用車載著乾爹一直往前開。依照他的指示，在沒去過的街上繞，然後按了某戶人家的門鈴。」他說著。

「其實，今天還發生一件怪事。」他壓著眼角，「早上天還在暗的時候，有人按我家門鈴，我慌忙起床，外面卻沒半個人影！」

貓語

細心一想，乾兒子的夢和怪事是相連的，這可能是一種預感。

九七 水滴

剛搬出老家獨立自住的第三年。

有一天，我發現客廳的天花突然有水滴下來，找管理處到樓上看看，他們說樓上的單位已經空置了一段時間，業主也不是常回來。

我請他們聯絡樓上的業主，看看他可否抽時間回來，檢查一下水管。

過了幾天，業主回來開門給我和專業水管工人查看，結果發現滴水的位置並沒有水管，而且地板也沒有裂痕，既然是這樣，我們只好想想是否有其他問題。

這下子令我非常頭痛。不得不向鄰居們訴苦。

一天，鄰居有位婆婆來按我家門鈴。

「妳相信鬼神之說嗎？」她一開始就跟我說。

「我當然相信！」我答道。

「在妳搬來之前，樓上獨居了一名老伯，他因病失救，暈倒在妳家滴水的天花板位置，幾天後才被親戚發現，送院後已經不治，上星期是他的死忌……」

貓語

那我抹走的是什麼水？但最終我仍有在老伯的家門前上了香，而我也不敢再住下去，不是怕靈體，而是怕那些水……

九八 跟隨

芸芸眾多香港男歌手中，小肥（徐志勇）是我最喜歡的。

某一晚，他到「好大個網」的「恐怖在線」節目中分享靈異經歷。當介紹他出場時，我就透過電腦的螢光幕看到有一個年輕的外籍男靈體跟著他。於是我悄悄地跟它交感後，再發短訊給主持人紹聰兄。

它是位德國人，也是位音樂人，因為哮喘病發作，不幸身故於香港。而朋友又不知道怎樣聯絡其家人，無奈火化後把骨灰撒落在上環海上一帶。

三個月前的某一晚，小肥約了朋友到上環的酒吧聊天，他正正就碰上它！因為它知道小肥是音樂人外，也是位天主教教徒，它希望小肥能夠帶它到聖堂去。

小肥知道之後很是驚訝：「我的確在三個月前到過上環一帶！妳怎麼會知道？」

「當然是它告訴我！」我們事後在群組再為此件事深入探討，而他亦有跟我的提議把它帶到教堂，了結它的心願。

貓語

小肥的確有遵守承諾，把它帶到教堂去，並為它唸玫瑰經。好人一生平安！

九九 寄居

這是一位做廚師的伯伯告訴我的。

他本在鄉下有一名八歲的兒子，一天和同伴玩耍，同伴不小心掉進了魚塘，情急下他跳了下去想救同伴，可是兩人都不懂水性，最後被發現時已經不治。

第二年，傷心欲絕的他，迎來了第二名孩子，這個新生的小女娃，令家人忘卻傷痛。可是漸漸發現這女孩日間都非常正常，乖巧懂事。但一入夜，就變得蠻橫無理，惹人生氣，性格極像去世的哥哥。

到她八歲那年，命運跟哥哥一樣，不知為何跌落魚塘，救上岸時已經返魂乏術。

親戚間一直流傳，說是大兒子「寄居」在妹妹身上，是真是假不得而知。

貓語

我倒是相信的，這就是被靈體依附！我早前曾經見過一個八歲男童，被六個女靈體、四個男靈體和六個嬰靈依附在身上！連師傅也不知該如何處理！

後記

巧合地也是清晨五時，也是呷著濃黑的咖啡，聽著成 Backstreet Boys 的 I want it that way，有種依依不捨的感覺！因為寫到這篇，亦即意味著此事即將完結。

雖然仍想寫下去，可是為了貫徹「百物語」的寫作方式，這本書我只能寫九十九個靈異經歷，希望還有機會繼續寫下去。

今年是難過的一年，來年也未見得會好，但路仍是要繼續行，就讓我們努力行下去。

下一本書見！

陶貓貓

怪談九九

作　　者／陶貓貓
主　　編／林巧涵
責任企劃／倪瑞廷
美術設計／白馥萌
內頁排版／唯翔工作室

第五編輯部總監／梁芳春
董事長／趙政岷
出版者／時報文化出版企業股份有限公司
108019臺北市和平西路三段240號7樓
發行專線／（02）2306-6842
讀者服務專線／0800-231-705、（02）2304-7103
讀者服務傳真／（02）2304-6858
郵撥／1934-4724 時報文化出版公司
信箱／10899 臺北華江橋郵局第99信箱
時報悅讀網／www.readingtimes.com.tw
電子郵件信箱／books@readingtimes.com.tw
法律顧問／理律法律事務所　陳長文律師、李念祖律師
印　　刷／勁達印刷有限公司
初版一刷／2021年7月9日
定　　價／新台幣320元

ISBN 978-957-13-9102-1 | Printed in Taiwan | All right reserved.

時報文化出版公司成立於一九七五年，並於一九九九年股票上櫃公開發行，
於二〇〇八年脫離中時集團非屬旺中，以「尊重智慧與創意的文化事業」為信念。

怪談九九 / 陶貓貓作. -- 初版. -- 臺北市：時報文化出版企業股份有限公司, 2021.07
ISBN 978-957-13-9102-1（平裝） 1.靈魂 2.靈界 216.9 110008807